初の国産軍艦「清輝」のヨーロッパ航海

大井昌靖 著

芙蓉書房出版

プロローグ

一八七八（明治十一）年十一月十九日　トルコ帝国首都コンスタンチノーブル。

午前九時、トルコ軍艦「マスヲヂヤ」艦長メハメットベーに伴われ、軍艦「清輝《せいき》」艦長の井上良馨海軍中佐、小笠原恒通海軍中尉、角田秀松海軍中尉及び高田政久中秘書の四人は大礼服を着用し、宮殿に参内した。まず控えの間に案内されたのち、側近の者に伴われ謁帝の間に入った。

トルコ皇帝は正面に直立し、東洋の小さな国から、自らの国で建造した軍艦を自国人だけで運航してスエズ運河を越え、トルコまでやって来た四人の日本人を迎えた。井上以下四人は、帝座の前三四歩の所に進み、一同直立して右手を額前に挙げトルコ式の敬礼を行った。そして、謁見は始まった。

通訳は二人。高田政久は日本語・英語を翻訳し、メハメットベーは英語・トルコ語を翻訳した。

皇帝から歓迎の言葉があり、井上はこれに返答した。

井上　私井上は日本政府の官吏として、初めて軍艦により、トルコに参りました。今日ここにトルコ皇帝陛下に拝謁する名誉を得ることができ、生涯の栄誉として感謝いたします。
皇帝　我国の港に初めて日本帝国の軍艦を見て、殊にその艦長及び士官に会うことができたのは、朕に於いても大変満足でうれしく思う。今後両国の間が近くなり、互いに公使を派遣し、且つ人民の行き来も親密になっていくことを希望する。

そして皇帝からいくつかの質問があり、井上はこれに答えた。
皇帝　日本の軍艦は全て国内で建造されるのか。
井上　いいえ、製鉄の方法が未だ充分でないので、甲鉄艦は外国から購入しています。しかし、数年のうちには国産となりましょう。
皇帝　海陸軍はどの国の方式を用いているか。
井上　海軍はイギリス、陸軍はフランス方式を採用しています。
皇帝　海陸軍の兵隊を教育するときは、何語を使用しているか。
井上　全て日本語を使用します。内容はイギリス、若しくはフランスの図書を翻訳したものです。

皇帝　日本海軍は、常にイギリス・アメリカなどに軍艦を派遣しているのか。
井上　そうです。イギリスまで来たのは初めてですが、アメリカ、オーストラリアには、遠洋練習航海を目的に軍艦が派遣されております。
皇帝　「清輝」には、外国人の水先案内人が乗っているのか。
井上　いいえ、日本人のみです。外国人は乗っておりません。
皇帝　「清輝」艦内は、美しく、整頓され、また日本は僅か数年間で格段の進歩を遂げたと聞き、大変すばらしいことと思う。今後ますます日本海軍が発展するよう希望する。本日は、日本軍艦の艦長と士官に会えて満足している。今後も日本軍艦がトルコを訪れ、朕に会いに来てくれることを望む。トルコも日本に軍艦を派遣し、艦長及び士官を日本皇帝に拝謁させることを望むものである。この思いを日本皇帝陛下に伝えてもらいたい。

こうして、初めて日本政府の官吏によるトルコ皇帝への謁見は終了した。日本とトルコとの関係は、一八九〇（明治二十三）年のトルコ軍艦エルトゥールル号の遭難事件から始まったような印象が強いが、実はその十二年前に日本海軍の軍艦「清輝」が、トルコ帝国の首都コンスタンチノーブルを訪れ、艦長の井上良馨海軍中佐ら四名が、トルコ皇帝に謁見したのが最初なのである。

軍艦「清輝」は明治十一年一月、それは西南戦争が終結した翌年、すなわち国内の治安が落ち着いた時期、ヨーロッパ方面へ一年三ヶ月の航海に出発した。

その航海は、実地研究という任務のもと、日本海軍の軍艦として最初のヨーロッパ訪問、その軍艦は初めて日本で建造されたもので、さらに日本人のみの運航によるものであった。

近代国家としての道を歩もうとする日本は、すでにヨーロッパの各国、すなわちイギリス、フランス、スペイン、ポルトガルと修好通商条約を結んでいた。その条約は、各港に領事を置くことを可能にしており、行き当たりばったりで、「清輝」が派遣されたわけではない。寄港した多くの港では公使館・領事館の公使・領事など外務省職員の支援を受け円滑な訪問がなされていた。しかし、トルコとは国交がなかったことから、在トルコのイギリス公使らの尽力によりこの謁見は実現した。

明治維新から十年で、軍艦を国産し、ヨーロッパへと航海させた海軍、その任務を見事に完遂した軍艦「清輝」、その航跡を追い、それを支えた「人」にも焦点を当て、近代史（明治初期）を探訪してみたい。

初の国産軍艦「清輝」のヨーロッパ航海❖目次

序章❖軍艦「清輝」の誕生

江華島事件

話は、当時鎖国していた朝鮮国（今の朝鮮半島）西側沿岸から始まる。

一八七五（明治八）年九月二十日、午前八時半、天気晴。錨泊中の軍艦「雲揚」の甲板は緊張に包まれていた。手漕ぎの端艇が、「おもて離せ」の号令により、まさに漕ぎ出そうとしていた。艇内には、艦長の井上良馨《いのうえよしか》海軍少佐をはじめとして、士官等六名、護衛の海兵十名、そして漕ぎ手の水夫十名が乗艇していた。端艇の任務は、真水補給を目的とした測量と調査などであった。

端艇は、しばらくして江華島の南端にある砲台の前に着いた。付近は航路が狭く、所々に岩礁等があった。海岸の小高い所は平坦で、そこに砲台があり、中は陣地のようにも見える。砲台よりも一段低い南の海岸に平坦な岩場があった。「ここを勇敢な兵で防御された場合には、攻めるのは容易ではないな」などと考えつつ、井上は、平坦な岩場に上陸しようと端艇を進めさせた。

突然、耳をつんざくような銃声、砲台と右側の営門から、砲と銃が乱射されているのが見えた。すぐさま応戦しようにも端艇内には、小銃が十四挺程度しかない。これでは、とても歯が立たないと、井上は一旦「雲揚」に戻ることを決心した。世に言う江華島事件の始まりである。翌二十一日朝、「雲揚」は、戦闘準備を整えて、抜錨、砲台近くまで進出し、砲撃を加えて砲台に損害を与え、さらに陸戦隊を上陸させ、砲台を焼き払った。さらに翌日の二十二日は、砲台近くにある永宗城に向かい、ここにも陸戦隊を上陸させ、これを占領し、城内を焼き払った。

この事件をきっかけに、日本政府は翌明治九年一月、特命全権弁理大臣として黒田清隆を朝鮮国に派遣し、交渉にあたらせ、その結果、同年二月に朝鮮国は開国し、日本と条約（修好条規付録、通商章程）を締結することとなった。

江華島事件の後、「雲揚」艦長の井上は、報告のため上京し、十月七日海軍省において、事の顚末を上申書にまとめ提出した。そして十日後の同月十六日、「雲揚」に戻ることなく栄転とも言える新たな職務に就くことになった。それは、横須賀造船所で建造中の初の国産軍艦「清輝《せいき》」艦長の職であった。

横須賀造船所で最初に造られた軍艦は「清輝」

現在のアメリカ海軍横須賀基地には、一八六五（慶応元）年に建設が開始された横須賀製鉄所があった。二〇一五（平成二十七）年には、創設（鍬入れから）百五十周年を迎え、横須賀市

最も古いドックの現在の様子（米海軍横須賀基地）（著者撮影）

ドライ・ドックの対岸は、戦前は横須賀鎮守府の敷地内であったが、現在は公園になっている。フランス人ヴェルニーに因んでヴェルニー公園と呼ばれ、記念館が置かれている。平成29年3月、太平洋戦争前の横須賀海軍工廠時代に建造された戦艦「陸奥」の主砲の砲身のひとつが、船の科学館（東京）から無償譲渡されて里帰りし、この公園に置かれ、記念の式典が行われた。

戦艦「陸奥」の主砲。左端の三角屋根が記念館（著者撮影）

ではさまざまなイベントが催された。当初は、「鉄を加工する場所」という意味での「製鉄所」という名称であったが、時代の流れの中で、横須賀造船所、そして横須賀海軍工廠と名称を変えていった。

一八五三（嘉永六）年のペリー来港を期に開国した徳川幕府は、自らの力で日本を守る必要性を考えるようになった。そのためには海軍力の増強や軍艦を建造するための近代的な造船所を建設する必要性を認識しており、その計画を立てたのが、幕府の勘定奉行などを歴任した小栗上野介忠順であった。

幕府は当初、造船所の建設をアメリカに要請するが、アメリカ国内は南北戦争の最中で、それどころではないと協力を拒まれる。そのような中、幕府に接近を図ってきたのが、駐日フランス公使のロッシュであった。当時フランス国内では製糸業に欠かせないカイコに伝染病が発生し、壊滅状態にあったことから、日本の生糸とカイコを必要としていた。

そして、小栗とロッシュの会談後からフランスによる造船所への協力が進められた。この造船所建設の技術的な役割を担ったのは、フランス人のフランソワ・レオン・ヴェルニーで、フランスのツーロン港に似た横須賀港を大変気に入り、造船台やドライ・ドックなどの施設を建設する計画を立てた（横須賀市ＨＰより）。

横須賀製鉄所が稼働するのは、起工式の三年後となる一八六八（明治元）年で、初めて修理船をドックに入渠させた。明治維新という時代の流れの中にあって、その所管は、神奈川裁判所から大蔵省へ移り、明治四年に工部省の所管となって、横須賀造船所と改称された。そして、兵部省が海軍省と陸軍省に分かれた翌明治五年十月に海軍省の所管となった。

海軍は、明治四年七月、石川島に造船局製造所を設け、これを艦船の建造を統括する部署である主船寮とした。そして艦船の小さな修理やさまざまな器具の製造をしていたが、規模が小さく、軍備を整備していくには不向きであった。そこで工部省の所管であった横須賀造船所を海軍の所管とし、これを主船寮に属させ、さらに漸次工場を拡張して、新造艦の建造や大きな修理ができるように整備していった。

横須賀造船所でまず建造されたのは、汽船であった。それは明治四年八月進水の御召船「蒼龍丸」、明治五年三月進水の「第一利根丸」、明治六年十二月進水の「第二利根丸」であり、この三隻の建造を経て、ようやく軍艦の建造に着手したのが明治六年八月起工（建造開始）の「迅鯨」と同年十一月起工の「清輝」である。

そして、先に完成したのが「清輝」で、明治九年六月の竣工である。天皇などに使用されるお召艦「迅鯨」の方が、三ヶ月ほど早く起工されたが、完成は明治十四年なので、この造船所で最初に造られた軍艦は「清輝」ということになる。

「清輝」は、明治十年の西南戦争に従軍し、翌明治十一年一月に「実地研究」という目的をもってヨーロッパ方面への航海に旅立ち、明治十二年四月横浜に帰港した。それは一年三ヶ月という長期の海外派遣であった。

当時、海軍横須賀鎮守府は、まだ開設されていなかったので、「清輝」は横浜から出航し、横浜に帰港した。横須賀に鎮守府が置かれたのは一八八四（明治十七）年のことで、それまで海軍の軍艦の基地は、明治九年八月に横浜に仮設された東海鎮守府であった。横須賀に所在したのは、浦賀水兵屯集所（水兵の教育機関）及び横須賀造船所ぐらいであった。「東海」の対称となる「西海」は、長崎に西海鎮守府が設置される構想はあったが、開庁されることなく、一八八九（明治二十二）年、「佐世保鎮守府」として開設された。

当時、軍艦の呼称は、「雲揚艦」、「清輝艦」などと呼ばれており、艦種別の呼び方（戦艦「陸奥」など）になるのは、まだまだ先のことである。

軍艦「清輝」の要目など

横須賀造船所初の国産軍艦「清輝」の要目は、長さ六十メートル、幅九メートル、排水量八九七トン、速力九・六ノット（時速約十八キロメートル）。乗組員は、ヨーロッパ航海時の記録によれば、士官二十一名、兵員百十九名、雇人十九名の合計百五十九名であった。ヨーロッパ派遣の際には、増員しているので、国内での航海時はこれよりも若干少ない人数である。西南戦争の従軍者名簿からは、士官は十八名だったことがわかる。

推進は、ボイラーで水を沸かして蒸気を発生させ、その蒸気の力で、シリンダーを往復させ、これを回転運動に変換して、推進器（スクリュー）を回すという方式であった。そして、この時代は帆による航海も可能だった。設計は、造船所の建設に中心的な役割を果したフランス人技術者ヴェルニーで、日本人の職工により建造された。外国人技術者の設計ではあるが、軍艦を国産で建造できたことは、当時の日本職工の技術の高さを示すものである。

武器は、アームストロング砲を一門、クルップ砲を五門搭載していた。アームストロング砲は、イギリスのアームストロング社が開発した大砲で、それ以前は砲弾を砲口から装填する前装砲であったものを、砲弾を砲尾から装填する後装砲にした。後装砲にすることで、単位時間に発射できる弾数である発射速度を格段に向上させることができた。イギリス海軍が初めてこの砲を使用したのは、一八六三（文久三）年七月の薩英戦争であった。

クルップ砲は、プロイセンの民間業者アルフレート・クルップによって製造された後装砲で、プロイセンが、要塞を守るための砲として採用した。日本では明治元年に和歌山藩が野戦攻城用として、採用を決定しプロイセンのキニフラル商社へ発注した。そして、明治四年の廃藩置県にともない、日本政府すなわち陸軍へ納入された。その後、陸軍は、このクルップ砲三十六門を購入した。アームストロング砲、クルップ砲、いずれも艦載砲としても、また地上に降ろしても使用できる大砲であった。

「清輝」の写真は、極めて少ない。よく使われるのは、海軍有終会『幕末以降帝国軍艦写真と史実』（一九三五年）に掲載されている一枚である。この写真は、その三年後に発刊された『近世帝国海軍史要』やその他さまざまな書物でも使用されている。著者の見る限りでは、全て同じ写真のようであり、おそらく「清輝」の写真は、この一枚しか現存していないだろう。

しかし意外なことに、イギリス王立海事博物館に日本海軍が寄贈した公式模型が保管されている。実物の四十八分の一の縮尺模型で非常に精巧に作られている。

当該博物館のＨＰでは、「清輝」は一八七八年に初めてイギリス本土を訪問した日本の軍艦

軍艦「清輝」(『近世帝國海軍史要』より)

イギリス王立海事博物館所蔵の「清輝」の模型

と書かれ、「パーク型の変形バージョン」といわれる三本のマストを持つ帆船の外観で、イギリス海軍の軍艦の種別では「スループ」と呼ばれている。

模型は一九一〇（明治四十三）年に日本政府から王立海軍大学に対して、全部で六つ贈られた内の一つで、王立海軍大学に、日本から造船官と技術官が留学した際にその感謝の意味で贈られた。一緒に贈られたのは、「安芸」、「鞍馬」、「高雄」、「新高」、「最上」の模型でいずれも国産の軍艦である。

「清輝」の進水と井上良馨

「清輝」は明治八年三月五日に進水した。進水とは、船台で建造していた船体が出来上がって、海に浮かせるという工程である。それから艤装《ぎそう》と呼ばれる武器や内装の工事が行われる。

「清輝」進水の際には進水式が挙行され、明治天皇が進水式に行幸した。当日、明治天皇は、横浜港からお召艦「龍驤」に乗艦、横須賀へ向かった。造船所の船台の側には玉座が準備され、造船所の首長であったフランス人技師ヴェルニーは、明治天皇から勅語を賜った。軍艦の進水式への天皇の行幸は、この「清輝」の進水式が最初であった。そのときの言葉が記録に残されている。

新製の清輝艦水卸式執行す
是れ全く汝等の尽力に依る

朕、喜悦に堪えず
此の上、一層速やかに落成せんことを深く希望す

「清輝」が建造されている間、艦長予定者は、何度か交代となっている。進水式の際は、明治七年に任命された松村淳蔵海軍少佐で「艤装掛り」という職名であった。今の海上自衛隊で言えば「艤装委員長」である。

松村は、自費によってアメリカの海軍兵学校に留学した経歴を持っていた。しかし、彼は「扶桑」、「金剛」、「比叡」をイギリスから購入する調整のためにイギリス出張の命を受けたことから、翌明治八年九月に艤装掛りは、黒岡帯刀海軍中尉に交代となった。それから一ヶ月も経たない、同年十月十六日、井上良馨《いのうえよしか》海軍少佐が、艤装掛りではなく、「清輝」艦長として任命された。井上の前に指定されていた二人はいずれも海外留学の経験をもち、外国通であった。海軍は初の国産軍艦による海外派遣を目論んで海外通の二人を艦長候補に指定していたのである。

三番目に指名された井上は、既述したように江華島事件の顚末を報告するために上京していたが、報告後は「雲揚」に戻ることなく、横須賀で建造中の「清輝」艦長に任命された。これは江華島事件の実績に対する褒美と言える人事である。

※井上良馨は、薩摩藩の出身で、薩英戦争、戊辰戦争に従軍、明治維新後に海軍士官となった。「春日」艦長、「雲揚」艦長に続いて三回目の艦長勤務なので経験十分ではあるが、井上以前に「艤装掛

り」に指定されていた松村や黒岡のような海外留学の経験はなかった。「清輝」艦長の後は、軍艦三隻（「東」、「浅間」、「扶桑」）の艦長を順次務め、軍務局長、常備艦隊司令長官、海軍参謀部長、横須賀鎮守府司令長官等を歴任し、一九一一（明治四十四）年軍人としての最高位である元帥となった。

「清輝」乗り組みの士官

「清輝」乗組みの士官の中には、軍艦「雲揚」で井上艦長の部下だった者が何人かいる。それは、小笠原恒通海軍中尉、角田秀松海軍中尉、星山臣欽中機関士、八州学中主計、神宮司純雄海軍少尉の五人であり、江華島事件においては、「雲揚」の端艇に乗り込み、陸戦隊を指揮していた。井上は、「清輝」という初の国産軍艦を指揮するにあたって、歴戦の元部下たちを「雲揚」から呼び寄せ、再度自らの指揮下に置いたのである。ここには井上と士官たちの堅い信頼関係があったのであろう。

井上良馨

井上は「清輝」艦長に任命されていながら、一時的に「高雄丸」の船長となっていた。江華島事件の解決のため、日本政府は明治九年一月、特命全権弁理大臣として黒田清隆を朝鮮国に差し遣し、交渉にあたらせた。それは朝鮮国の開国を企図するものであった。「高雄丸」は、その際、護衛の海兵隊約二百六十名を乗せて随行した。このとき、五人の士官らは、

「雲揚」を退艦して、井上とともに朝鮮国に派遣された。さらに随行員には、やはり「雲揚」で陸戦隊を指揮した高田政久中秘書も含まれていた。

そして、「高雄丸」の帰国後、あらためて井上は「清輝」艦長となり、五名の士官らも「清輝」乗組みとなった。一方、高田は東海鎮守府勤務となった。

明治九年六月に完成した「清輝」は、翌明治十年に勃発した西南戦争、そして明治十一年からヨーロッパへの航海を経験する。それらの任務にあって、小笠原は、副長に次ぐ役割と大砲全般を担当し、星山は機関長、角田は航海長、八州は主計長、神宮司は機関を担当する士官であった。そして、高田は、ヨーロッパ航海時、通訳および艦長の秘書役として臨時に乗艦した。

井上が退艦した後の「雲揚」は、後任として瀧野直俊海軍少佐を迎えた。その「雲揚」は、明治九年十月二十八日に発生した萩の乱を鎮圧するために、山口県沖へと向かう途中の同月三十一日、紀州阿田浦で座礁し沈没した。この事故で艦長以下二十三名が死亡、その中には、江華島事件で井上の指揮下で戦った立見研海軍少尉の名前がある。おそらく井上は、立見を「清輝」に移動させなかったことを悔やんだであろう。沈没した「雲揚」の生存者は五十二名で、そのうち五名の水兵等が「清輝」に配置となった。

※当時の階級の呼称は、兵科にあっては、少佐、中尉などと呼称されていたが、それ以外については、それぞれの職種ごとの呼称であった。

例　中機関士（中尉相当の機関科の士官）、小主計（少尉相当の主計科士官）

大軍医（大尉相当の医官）、中秘書（中尉相当の文官）

第一章❖西南戦争と「清輝」

明治維新後の不平士族の反乱が地方で頻発

明治維新により樹立した明治政府による資本主義政策は、明治四年の廃藩置県以後、士族の不平不満を激化させることとなった。西郷隆盛は、その不満を外にむけ、同時に自らの政治生命を、遣韓大使となり「征韓」を実施することに見い出した。

明治六年八月に、いったん政府は西郷を朝鮮に派遣することを決定するが、反対する大久保利通や岩倉具視などにより、十月にその決定は覆った。これにより西郷は政府を去り、鹿児島出身の軍高官の多くが辞職した。

「清輝」は、この年十一月に横須賀造船所で起工した。

そして、「清輝」が進水した明治八年は、日本外交が画期的に前進した年とされる。この年の三月、度重なる日本政府の要求を受け入れ、イギリス・フランス両国は、それまで十余年のあいだ横浜に駐屯させていた軍隊を撤退させた。これは日本の主権を制約していた重要な因子を取り除いた出来事であった。さらに五月、ロシアと樺太・千島交換条約を締結し、樺太にお

江華島事件の絵（村井静馬『明治太平記』より）
野田市立図書館所蔵

ける紛争を収めた。そして七月、政府は琉球の「処分」（琉球藩の日本の版図への編入）に着手する。琉球藩による清国への朝貢を禁止し、琉球藩を廃し、沖縄県を置くことを提案した。

しかし、朝鮮国に対する「開国交渉」は、はかどらなかった。このため朝鮮の開国を強制するため、日本は、軍艦「雲揚」を六月、九月の二回にわたって、朝鮮海域に派遣し示威と挑発を行った。この九月の行為が、冒頭に述べた江華島事件であり、そのときの「雲揚」艦長が、後に「清輝」艦長となる井上少佐である。この事件後、日本は特命全権弁理大臣黒田清隆を朝鮮国に差し遣わし、交渉の結果、明治九年二月、朝鮮国は開国し、日本と修好条規付録と通商章程を締結した（『近代日本史の基礎知識』より）。

一方国内では、明治維新後の不平士族の反乱が地方で頻発していた。明治七年二月に佐賀の乱、明治九年十月に神風連の乱、秋月の乱及び萩の乱、そして明治十年二月に勃発した西南戦争と続く内乱を経て、ようやく国内が落ち着いたのが明治十年末のことであった。

日本にも海兵隊があった

「清輝」が明治九年六月に竣工（完成）して四ヶ月後の十月、二名の士官が乗艦して来た。坂元俊一海軍少尉と篠崎仲純海軍少尉補である。彼らは、「艦務研究」という任務を帯びて乗艦して来た元海兵隊の士官である。日本に海兵隊があったことは、あまり知られていないので、海軍の建設の歴史も含めて若干触れておきたい。

まずは、海兵隊のルーツから考えてみる。紀元前数百年頃ペルシャやギリシャの海戦で使用されていた軍船は、五十人の漕ぎ手が一列に並んで、櫂を動かす五十櫂船が代表的であった。櫂は、一列から二列三列と改良されていくが、その戦い方は、衝角により敵の側面に突き当たることであった。動力は奴隷による漕ぎ手であり、三段櫂船の場合には通常十名の兵士と三、四名の弓兵が乗っていた。そして衝角で敵の船体に穴を開けたあとは、船を後進させて、敵の船から引き離す。これによって、穴の空いた船は浸水して、沈没するというもので、兵士が敵船に乗り込んでの白兵戦（接舷戦）ではなかった。

西洋において、接舷戦が一般的になったのは、中世の帆船による海上戦闘である。この戦闘の最終段階は、敵をつかんで甲板から放り出すことであった。そして、陸上で戦う兵と同じ戦闘能力の他に、船上で戦うために周到に磨き上げた技術を持った大勢の兵が必要とされた。この接舷戦における戦闘員が海兵隊の起源である。船を運航させる人員とは別に、特別な戦闘員の乗艦が必要とされていたのである（『戦闘技術の歴史2中世編』より）。

近代日本では、徳川幕府時代末期、各軍艦に「マルニール」を置いたのが、起源とされている。マルニールはオランダ語で、日本ではこれを「海兵」と訳した。各藩が保有する軍艦は、外国から購入したもので、その運用法も、当然外国から教えてもらわざるを得ない。軍艦に海兵が置かれたのはオランダによる指導とされており、置くべくして置かれていたのである。

海軍の創設と海兵隊

徳川慶喜の大政奉還を経て、王政復古の令ののち、明治政府の職制が定められるなか、一八六八（慶応四）年一月十七日、海陸軍務総督、海陸軍務掛が定められた。これが、海軍建制の始まりとされる。そして、同年一月三日に発生した鳥羽・伏見の戦いに際して、二月に幕府討伐、東征の大号令が発せられた。二月六日、海陸軍務総督の名で、七藩（鹿児島・山口・土佐・佐賀・久留米・福岡・広島）から軍艦・汽船一～三隻を徴発して集めることになり、この機に在大阪の軍艦を集めて、三月二十六日、明治天皇が、大阪湾口の天保山沖に行幸し、海軍の操練を天覧した。これは、天皇親任の海軍として意味付けるためのものであった。これが日本海軍初の観艦式とされている。

※慶応四年は九月八日に明治元年となった。明治天皇は、先代の孝明天皇が慶応二年十二月に崩御したことから、慶応三年一月に元服前の十四歳で即位した。なお明治五年までは旧暦を使用してい

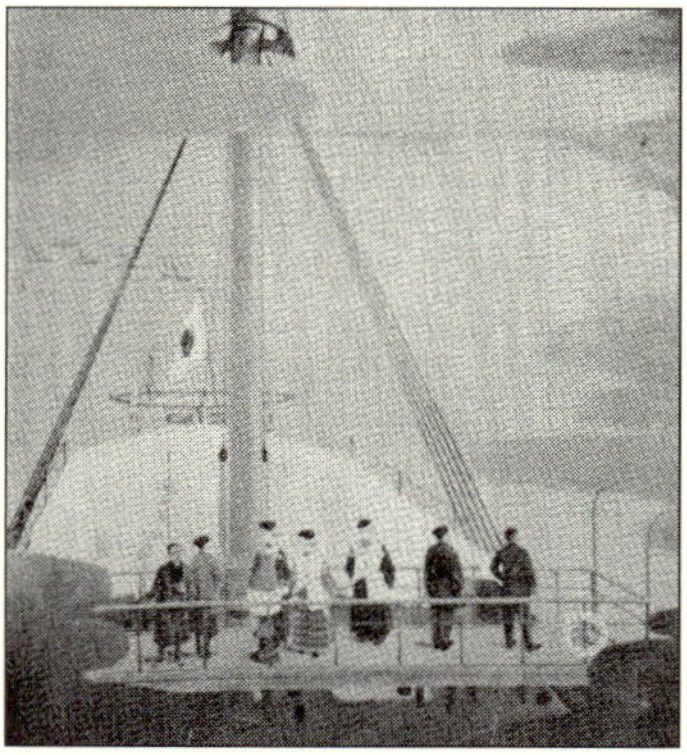

明治元年天保山沖における海軍天覧

たので、西暦とはずれが生じるが本書ではとくに言及はしていない。

翌明治二年七月、兵部省が創設され（明治五年二月二十七日海軍省となる）、同年九月に海軍操練所を創設、諸藩より貢進生を徴募して、海軍士官の教育が始められた。

翌明治三年二月九日、兵部省に海軍掛が置かれ、海軍に関する一切の事項を所掌した。そして兵部省に所管になった艦船は、軍艦三隻「富士山」、「甲鉄」、「千代田」、輸送船四隻「大阪」、「飛隼」、「飛龍」、「快嵐」であった。また、版籍奉還とともに各藩から艦船献納が行われ、「春日」、「乾行」、「第一丁卯」、「第二丁卯」、「雲揚」、「鳳翔」、「日進」、「孟春」、「龍驤」、「行速丸」、「虹橋丸」が政府の軍艦となった。さらに明治政府はイギリス人から明治四年に「マラッカ（Malacca）」という船を購入し、これを「筑波」と命名した。

この艦船献納の際、「富士山」三十三名、「甲鉄」三十名、「春日」三十名、「乾行」十名、「第一丁卯」十名、「第二丁卯」十名、「日進」二十名、「龍驤」四十名と、それぞれの軍艦に海兵が乗艦していた。政府は献艦された時、その軍艦を運航させるために海兵も含め、諸藩の乗員を引き継いだのである。

明治政府が、艦船乗組員に海兵を創設したのは当然の流れといえる。海兵は、御軍艦乗込銃卒、海軍小筒方、水兵、海兵、海軍兵卒などその呼称には変遷があったものの、船を運航させるための人員すなわち、水夫（のちの水兵）、火焚（のちの機関兵）とは異なり、純粋に戦闘員として認識されていた。一般的には海兵と呼ばれ、編成された部隊を指すときに海兵隊と称していた。また、海兵の必要性は、接舷戦だけではなく、艦内の風紀の維持も大きな理由であった。

この海兵隊を統括するために海軍は水兵本部を創設し、一元的に海兵の乗艦を所掌した。明治四年十月には海兵士官学校が設けられ、生徒の募集があった。海軍は、イギリス海兵士官ブリンクリー海軍大尉を招聘し、イギリスの海兵隊制度に則り、海兵士官となる予定の生徒を教育させた。

「清輝」に乗艦してきた坂元俊一は、海兵士官学校の第一期生として入校し、明治七年十一月に卒業した。篠崎仲純は士族から海兵として採用され、両名とも水兵本部に所属していた。その海兵隊は、軍艦増強費捻出のために明治九年八月、廃止となった。約千三百人いた海兵は職務がなくなり非役とされた。この海兵たちの処遇については、希望に応じ、そのまま海軍に勤務、退職、或いは陸軍へ転官となった。陸軍への転官者は多数あり、警察官に転職したものも多い（『日本海軍史』より）。

坂元と篠崎は、引き続き海軍に奉職することを選択し、そのほか十八名の元海兵士官らとともに各軍艦に分かれ、船乗りとしての勉強をするために「艦務研究」という任務を与えられて「清輝」に乗り組んだのである。

海兵隊と海軍陸戦隊の違い

話の本筋から若干逸れるが、海兵隊と海軍陸戦隊との違いを述べておきたい。

日本海軍にあった海軍陸戦隊は、上海事変や、太平洋戦争初頭の戦闘などで、その存在をよく知られている。太平洋戦争中に書かれた『海軍陸戦隊史』のまえがきには、海軍の陸戦について次のように述べられている。

海軍の兵隊は、本来艦船に乗って、海上で戦闘するのが立前であり、海洋をわが庭とし、平時の国防はもとより、戦時の制海権確保を主要任務としている。しかし海軍といえども陸上の戦闘に参加しなければならぬ場合がしばしばある。即ち主要作戦に於いて、海軍は陸軍部隊の先駆を承り、陸軍の上陸地点を占領確保し、その上陸作戦を容易たらしめ、或いは現地警戒に当たる。海軍は陸軍の派兵が緊急事態に間に合わない場合、陸戦隊を組織して、陸軍部隊の到着まで敵と激戦を交えなければならぬのである。

ここには、海軍が陸戦を必要とする理由が、端的に述べられている。太平洋戦争初頭のメナドへの落下傘降下作戦などは、海軍陸戦隊の実績として有名であるが、この作戦の指揮官である堀内豊秋海軍大佐は、巡洋艦「八雲」砲術長として勤務していた経歴をもつので、元々は船乗りである。つまり、船乗りを陸戦向けに教育したのが、海軍陸戦隊である。

一方で明治海軍創設時に存在した海兵隊は、艦船の運航を主な職務とするのではなく、艦船乗艦の戦闘員であった。海兵隊創設時の人員は、志願制により、士族出身者を優先的に、戦闘員として採用した。また、陸軍から転官させた者も多くあった。そして、士官は、「海兵士官学校」を設立して養成した。それは、まさに陸上戦闘を目的とした組織であって、船乗りを陸戦向けに教育した海軍陸戦隊とは起点が異なる。

海兵隊の廃止後、陸戦については、軍艦乗組員によって陸戦隊を編成することとなり、船乗りを陸戦向けに教育することになった。そして、海兵隊が廃止されて七ヶ月後の明治十年二月、西南戦争が勃発した。陸軍では士官が不足していたこともあり、これを機に非役の元海兵隊士官から陸軍士官に転官した者は多い。また、「艦務研究」で「清輝」に乗艦していた坂元は、西南戦争中、船乗りというよりも陸戦隊の一員として、すなわち、海兵の本分の活躍をすることになる。

西南戦争と「清輝」

西南戦争は日本国内で最後の内戦とされ、明治維新後に発生した一連の不平士族による反乱の中で最も大規模なものである。反乱軍を率いたのは、明治維新最大の英雄で、当時唯一の陸軍大将であった西郷隆盛。反乱軍は明治維新の内乱を通じて最強と言われた薩摩の士族により編成された軍隊であった。

明治政府は、征討軍を組織し、有栖川宮熾仁親王を征討軍大総督に置いた。皇族総督は名目上の最高司令官であって、実質は、総督の下で参軍が部隊の指揮を担っていた。その参軍には陸軍卿（陸軍大臣に相当）の山県有朋陸軍中将と海軍大輔（海軍次官に相当）の川村純義海軍中将が任命された。海軍大臣たる海軍卿は、明治八年まで勝安房（海舟）が務めていたが、西南戦争時は欠員であったので、実質的には陸海軍のトップが参軍となっていた。

※反乱軍の鎮圧は陸軍が主体であったが、陸軍の行動などは最小限にとどめ、海軍の行動のなかで「清輝」が関係する部分を紹介する。

偵察任務で薩摩軍と戦闘

「清輝」は、明治十年二月十二日に軍艦「春日」、「孟春」、「鳳翔」とともに出動準備を命じられ、西南戦争へと従軍した。

最初に与えられた任務は、長崎・熊本近海の警戒であった。西南戦争初頭、薩摩軍は鹿児島で挙兵し、熊本を経由して北上するという作戦方針であった。その熊本には、九州全般の防衛を担当する熊本鎮台（熊本城）が置かれていた。薩摩軍は、この熊本城を占領しようとするが、籠城作戦をとった政府軍との間で膠着状態となっていた。

そのような状況にあって、二月二十一日、熊本沖から、薩摩軍の状況を偵察するために、「清輝」から小笠原中尉を指揮官として、坂元少尉及び水兵など偵察隊十四名が派出された。偵察隊は、盗人島の近くに端艇を着け、上陸した。

偵察隊は、熊本県庁を抜け出てきた県の役人（県官）が、盗人島で面会を望んでいるという情報を、百貫という町にある帆葦屋の番頭から得た。小笠原と坂元は、これに対応するため、水兵四名を端艇に残し、潮が満ち次第、百貫へ回航するように指示して、残り八名を引率し、歩いて盗人島へ行った。

県官は、盗人島で待っていた。そこで二人は、この県官から県下の状況を聞いた。県官自身が、前日の二月二十日に県庁を出るときは、異常はなかったが、当日二十一日には、薩摩軍が川尻（熊本城の南約七キロメートル）まで迫っていた。そして、薩摩軍の状況は、百貫（熊本城の西約七キロメートル付近）まで行けばわかると言った。これを聞いた小笠原と坂元は、水兵八名を同行させ、歩いて百貫まで行くこととした。百貫に着いて、水兵を休ませ、村の端へ歩哨のために兵を差し出そうかと小笠原と坂元が打ち合わせをしていたところ、薩摩軍の兵二百名余りが突然現れ、偵察隊との間で戦闘となった。そして水兵七名が戦死し、坂元は左肩に刀傷を負い、水兵一名とともに山中に逃げ込んだ。小笠原は端艇に逃げ戻り、水兵四名を漕ぎ手として、端艇を出発させ、その日のうちに「清輝」に帰艦した。

坂元と水兵一名は、それから、薩摩軍から逃れるべく山中などを移動し、途中から別行動となった。坂元は二ヶ月近く過ぎた四月十八日に漁船を雇って、沖に停泊していた海軍の船「高雄丸」にたどり着いた。その「高雄丸」は、坂元を乗せて出航し、二十二日に長崎へ入港した。長崎には「清輝」が停泊しており、坂元は、ようやく井上艦長にこれまでの状況を報告することができた。

しかし報告のあと、坂元は「清輝」に戻るのではなく、傷が治るまで「高雄丸」に仮乗り組みとなった。その後傷が完治してからの坂元は、元海兵士官の経験を生かして、参軍の川村中将の護衛として、また陸戦隊の一員として、西南戦争のほとんどの期間を海上ではなく陸上にあって、戦地を駆け巡った。

熊本城救援のため衝背軍の上陸作戦を支援

籠城する熊本城の政府軍と包囲した薩摩軍の間で膠着状態が続くなか、北九州の小倉から南下した政府軍と、熊本の北に陣取る薩摩軍との間では激戦が続いていた。有名な田原坂の戦い（三月四日から同月二十日）もその一つである。

そのころ、政府は勅使として柳原前光を旧薩摩藩主の島津久光のもとへ派遣した。柳原は「黄龍丸」に乗船して、三月八日に鹿児島に入った。その護衛として、黒田清隆陸軍中将の指揮の下「清輝」の他四隻の軍艦も同様に行動した。島津久光に対する明治天皇からの勅書は、逆徒とならないよう諭すものであった。これに対して島津久光は西郷隆盛から反乱軍への誘いがあっても拒否すると表明した。こうして柳原は十二日に勅使としての役目を終え、「黄龍丸」は鹿児島を出航した。「清輝」を含む護衛の軍艦は、海岸付近にあった砲台を使用不能にすべく砲撃により破壊した。

一方、政府軍は膠着状態にある熊本城を救うために、薩摩軍の背後（南側）の海岸に衝背軍と呼ばれる部隊の上陸作戦を行うこととなった。三月十九日、別働第二旅団約四千八百人が六隻の艦船に分乗し、八代南方の日奈久海岸（熊本城から南へ約五十キロメートルあたり）に上陸した。

「田原坂激戦之図」

この上陸作戦に先立って、前日の十八日に上陸地点を欺瞞するための陽動作戦が実施された。上陸予定地点よりも北にある塩谷、河内（熊本城の西十キロメートル付近）などに対して、「清輝」をはじめ、軍艦「日進」、「孟春」さらに徴用船「日宝丸」の四隻による艦砲射撃が実施された。「日宝丸」には、「清輝」搭載の大砲二門が積み込まれ、これを「高雄丸」に乗り込んでいた元海兵隊員三十六名が移乗して操作にあたった。さらに「清輝」は、端艇に水兵を分乗させ、海岸に上陸するなど敵を牽制して陽動欺瞞に努めた。

翌十九日にも端艇に乗って雪下熊之助少尉補他数名が、岸に接して測量をしていたところ薩摩軍と思われる賊から発砲された。雪下は腰に銃弾を受け、長崎の仮設病院に送られたが、二十一日に死亡した。雪下は、海軍兵学校出身者初の戦死者であった。江田島の海軍兵学校の大講堂には、その雪下の写真が、昭和になっても掲げられていた。

陽動作戦の効果もあってか、衝背軍は日奈久海岸への上陸に成功し、薩摩軍と戦闘を交えながら北上、四月十五日、熊本城へ入城した。これによって薩摩軍は熊本城の包囲を解き、さらに各地でも敗走していった。この態勢を立て直すため薩摩軍は、熊本・鹿児島・宮崎の県境にある人吉盆地へと集結していった。

鹿児島の戦いでは艦砲射撃で支援

政府軍は、熊本で敗れた薩摩軍の以後の動きを大分・宮崎方面と予想し、薩摩軍の根拠地である鹿児島は手薄になると判断した。そして政府軍は陸海軍の統合部隊を編成して、鹿児島を一挙に攻略するという作戦に出た。

総指揮官は参軍の川村海軍中将、別働第一旅団（約六千人）の指揮を高島柄之助陸軍少将が執り、七隻の輸送船で長崎を出航した。「清輝」を含む四隻の軍艦は輸送船の護衛にあたった。そして予想どおり鹿児島は手薄で、政府軍の全部隊は、四月二十七日鹿児島市街に無血上陸を果たした。

川村は、司令部を鹿児島市街に置き、陸海軍部隊を指揮した。鹿児島県令（県知事）までもが、反乱に荷担するという混乱した県政を正常にするため、上陸軍の司令部で参謀を務めていた仁禮景範海軍大佐を県令に任命し、行政を落ち着かせ、治安維持に努めさせた。

薩摩軍は、人吉で軍を立て直すが、鹿児島に政府軍が上陸したことを知り、この政府軍を攻撃するために鹿児島分遣隊を組織し南下して行った。そして五月から二ヶ月にわたって、鹿児島市街地を制圧していた政府軍との戦いとなった。

薩摩軍は、市街地の北側にある催馬楽山《さいばらさん》に陣地を構築し、市内の政府軍を砲撃した。これに対抗するため政府軍は、五月十一日、各軍艦から搭載砲を降して、要所に配備し、薩摩軍に応戦した。軍艦から降された大砲は十八門にもなり、「清輝」は大砲一門とそれを操作する陸戦隊（指揮官：小笠原中尉）を降してこれに参加した。坂元は、「春日」から降されて城ケ谷山に備えられたクルップ砲の指揮官として、数度の戦闘を交えた。

また十七日、薩摩軍が糧食を福山（宮崎県都城の西二十キロメートル付近）の薩摩軍倉庫から移送しているという情報を得、陸軍の四個中隊と巡査一個大隊が「清輝」と「高雄丸」に分乗し、二十六隻の端艇とともに、福山沖に向かった。そして、「清輝」「高雄丸」による艦砲射撃の支援を受け、陸軍と巡査の部隊は端艇に移乗して福山の北方に上陸し、薩摩軍に攻撃を加えた。これに対して、薩摩軍は抵抗することなく敗走したので、陸軍と巡査の部隊は、薩摩軍の糧食倉庫を襲い、米を奪うとともに残った食料品は放火して焼き払った。

人吉で態勢を立て直した薩摩軍は、その人吉で政府軍との激戦に敗れ、宮崎県方面へと敗走した。

六月二十二日、鹿児島市街に配備された陸戦隊は、催馬楽山の薩摩軍を追い払うことができたので、引き上げ、各艦に帰艦した。また、敗走する薩摩軍が、宮崎県、大分県の東側の海岸（日向灘）から海を渡って対岸の四国へと逃亡する可能性があるとの判断から、警戒を強めるよう命令が出された。

七月上旬、「清輝」は日向海岸を偵察、そこから北上して、大分県の東端で四国佐田岬に最も近い半島である佐賀ノ関（補給基地となっていた）で石炭を搭載し、少し南に位置する臼杵と佐伯に入港した。十四日、陸軍と協力して薩摩軍が支配する宮崎県の延岡を攻め落とすため、「清輝」は延岡沖から他の三隻の軍艦とともに艦砲射撃を実施し、延岡陥落に貢献した。延岡で政府軍との戦いに敗れたことから、八月十六日西郷隆盛は薩摩軍の解散令を出した。

「鹿児島逆徒征討図」

そして多くの者が投降したが、約千名は依然として反乱軍内に残り、西郷と行動をともにすることとなった。その形勢の悪化した薩摩軍から、西郷や主だった者が海路で逃亡することを危惧して、海軍の軍艦は、長崎、下関・臼杵、佐伯、佐賀の関、細島などを警戒することとなった。「清輝」は宮崎県の細島付近での警備にあたった。

残った約千名の兵らは、政府軍の包囲網から脱するために可愛岳を攻め、ここを突破した。その後、政府軍と何度か衝突しながら、九月一日鹿児島へ突入し、私学校、県庁等を占領して、政府軍に対して砲撃を加えたが、政府軍の反撃を受け城山へと後退した。

西南戦争終結、「清輝」は横浜に凱旋

西郷隆盛をはじめとして、薩摩軍の生き残り兵士が籠もる城山を砲撃するため、海軍は各艦の大砲を陸揚げした。「清輝」からは、クルップ砲二門が陸揚げされ、城山を囲む場所の一つ、上原に備え付けられ、これを小笠原中尉が指揮する陸戦隊が操作した。

総攻撃前日の二十三日、西郷の命乞いを目的に二人の薩摩軍兵士が投降して来た。このとき、川村中将と行動をともにしていた坂元少尉は、この二人を川村のところに連行した。

「鹿児島城山戦争之図」

川村は、西郷へ投降を促す書をこのうちのひとり、山田野一輔に託して、城山に送り返した。その際にも坂元が帯同した。しかし、投降を承諾する返事は、指定した時刻である午後五時までに戻ってはこなかったため、翌二十四日、陸海軍は、共同して、城山への砲撃を開始した。そして、城山は陥落、西郷は戦死、これをもって西南戦争は終結し、「清輝」は十月十日横浜に凱旋した（『西南征討志』、『新編西南戦史』などより）。

第二章❖ヨーロッパ派遣の準備

西南戦争が終結すると、すぐに「清輝」をヨーロッパへ派遣するための調整が始まった。まずは必要な費用の算出であった。

派遣費用は現在の五億円

「清輝」をヨーロッパへ航海させるために必要な費用の概算は、ジェームス（J. M. James）という人物が調査した。ジェームスは、明治五年の五月から明治十二年の九月まで、運用・航海に関する顧問役として海軍省に雇い入れられたイギリス人である。大変に親切である上に温厚篤実な紳士で、海軍に関することではずいぶん役に立つ存在であった。元々は灯台船「明治丸」の船長であったが、七年間にわたって海軍に雇い入れられた。日蓮上人に凝っていたらしく、亡くなったときには仏式で葬儀が行われた（『海軍七十年史談』より）。

そのジェームスに対する経費の調査依頼は、西南戦争後に海軍省から出された。そして、ジェームスからの回答が明治十年十月二十三日、海軍省の会計局長に提出され、海軍省会計局が

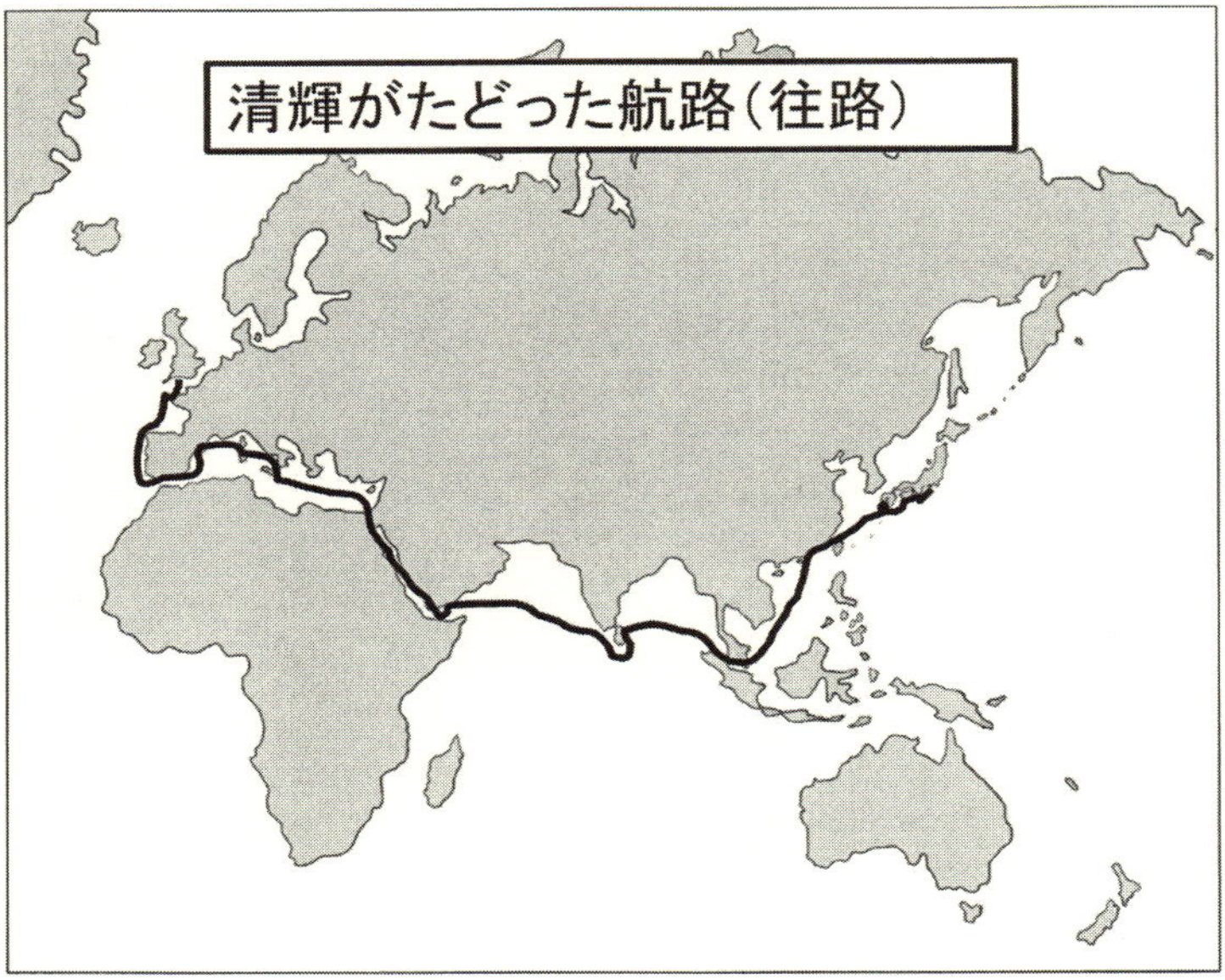

清輝がたどった航路（往路）

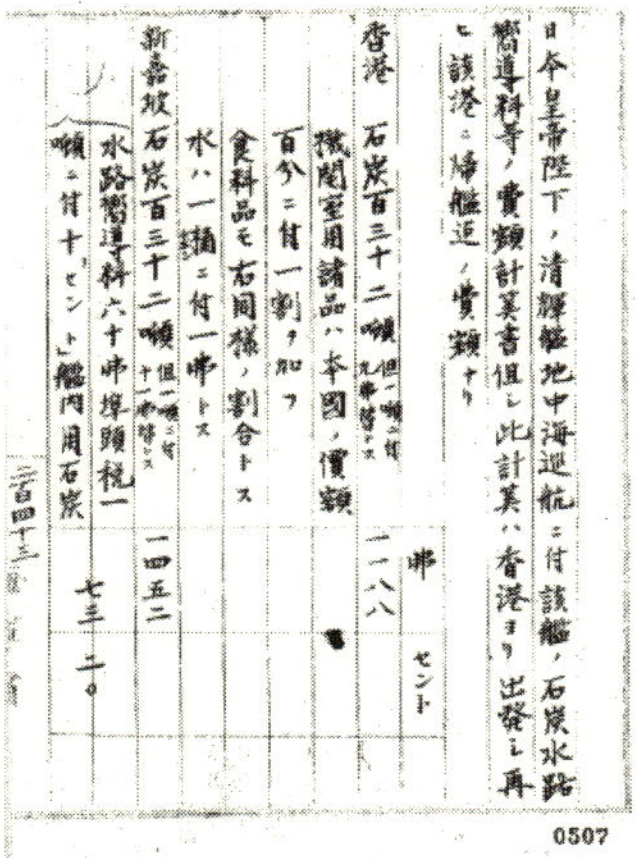

日本皇帝陛下ノ清輝艦地中海巡航ニ付該艦ノ石炭水路嚮導料等ノ費額計算書但シ此計算ハ香港ヨリ出発シ再ヒ該港ニ帰艦迄ノ費額ナリ

	弗	セント
香港 石炭百三十二噸 但一噸ニ付九弗替トス	一一八八	
機関室用諸品ハ本国ノ価額百分ニ付一割ヲ加フ		
食料品モ右同様ノ割合トス		
水ハ一桶ニ付一弗トス		
新嘉坡 石炭百三十二噸 但一噸ニ付十一弗替トス	一四五二	
水路嚮導料六十弗埠頭税一噸ニ付十セント艦内用石炭	七三	二〇

二百四十三

0507

ジェームスが提出した見積もりを当時の会計局が和訳したもの
出典：アジア歴史資料センターRef. C09112512600「公文類纂　明治一〇年　後編　巻一四　本省公文　艦船部」（防衛省防衛研究所所蔵）

最終的に算出した必要費用の見積もりが、海軍卿（海軍大臣）あてに提出されたのは、同年十一月二十一日、出航まで二ヶ月を切っていた。

ジェームスが算出した諸経費は、石炭、水先人の費用、スエズ運河の通航料などであり、香港から出発し、十ヶ月の航海の後に再度香港に帰港するまでの費用を二四、五六五ドルとした。会計局は、この額に、真水と食料及び機関用の部品、さらに乗組員への加俸、増食糧費、臨時諸品の購入などを加えて、一ヶ月あたり七、〇六四円と算出した。

そして十ヶ月分の総計は、九五、一七〇円となり、これを明治十年度・十一年度の予算に分けて支出することになった。

※この費用を現在の価値に換算してみよう。換算には様々な手法があって、数値はかなりばらつくが、ここでは米の値段で比較してみる。当時（明治十一年）の米の値段は、一升あたり十一銭であるので、これを現在の値段（十キログラムあたり四千円）で換算すると、約五億円程度となる。

実際は、派遣中に井上艦長からの上申を受けて、当初の予定より五ヶ月延長され、一年三ヶ月となったので、さらに費用がかかることになった。その追加費用は、イギリスに借金をすることでまかなうと合わせて上申されており、その額は六、〇〇〇ポンド（三万円）であった。

わずか一ヶ月余りの準備で横浜を出港

ジェームスによるヨーロッパ派遣費用の調査が終わって数日後の十月二十九日、「清輝」は修理のために品川沖を出発し、横須賀造船所に向かった。まだ「清輝」の海外派遣は決定されていないが、内々には決まっていて、この修理はヨーロッパ航海を前提としたものだったのであろう。

一方で、「清輝」の修理に対しては、現場の軍艦をまとめる東海鎮守府から海軍省に、稼働艦が「春日」一隻となってしまい、万が一不慮の事案の際に対応がとれなくなるという上申が出された。それに対する海軍省の対応は、修理を早く終わらせるというもので、「清輝」をヨーロッパ派遣する計画には、全く触れていない。「清輝」の派遣は、まだ海軍省内だけの情報だったようだ。

十一月二十一日に海軍省の会計局が提出した派遣費用の見積もりを受けて、海軍省内では、一週間で派遣を決定した。同月二十八日、海軍大輔川村純義は、太政大臣三条実美へ、実地研究のため、約十ヶ月間の見込みで「清輝」をヨーロッパに派遣したいという上申を提出した。

十二月十日に、「清輝」から西洋料理人の増員要望が海軍省に提出され、ようやく派遣にむけた実質的な準備が始まった。正式な準備の開始は、十二月十四日、東海鎮守府から海軍省の各局に対して、「清輝」の航海に関する協力の依頼が出されたときである。そして、わずか一ヶ月余りの準備で、翌明治十一年一月十七日に「清輝」は、ヨーロッパへ向け横浜を出港した。
※「清輝」のヨーロッパ派遣の目的の一つに、不平等条約改正のための布石という見方がある。西南戦争前の明治九年、外務卿寺島宗則は、アメリカとの関税自主権の改正に着手し、そのためには、ヨーロッパ諸国との交渉も同時進行させる必要があると認識していた。そして、「清輝」出航直後の明治十一年二月、寺島は、イギリス・フランス・ドイツ及びロシアに駐在する各公使に、日本との

関税自主権改正のための交渉を開始するよう指示を出した。アメリカは、この条約改正に調印したが、他列国の反対に遭い、結局条約は有効にはならなかった。そんな中での派遣には、条約改正を見込んで、日本国をヨーロッパの各国において示威する必要性もあったのであろう。

海外派遣における管理事項の確認

井上艦長は、出航を前に管理事項に関して、七つの要望を海軍省に提出した。当時の海外派遣の事情を理解する上で参考となるので紹介しておく。

①外国の港に停泊中、各国領事、軍艦等より招待饗応等を受けた場合の答礼及び、外国士官と「清輝」士官との交流の諸経費は、官費でまかないたい。
②長期の航海となるので、航海中は飲酒を許可したい。
③海外派遣の加俸は横浜出航から帰京までの分、全員に支給してもらいたい。
④派遣中、その停泊港から各地へ視察に行くときには交通費を支給したい。
⑤派遣中、士官を除く勤務成績優秀の者は仮昇級をさせ、帰国後正規に処置としたい。
⑥派遣中、下士官以下の者で、小事な懲罰、罪を犯した者の処分は、本国へ上申しての判決を待つことなく艦長の裁量としたい。
⑦派遣中、乗組員が死亡した場合の埋葬式等の要領を示してもらいたい。

これら七件の要望に対して、海軍省からの回答は、①に対しては、答礼の饗応等を官費でまかなうことは許可、士官等の交流に必要な費用は私費であった。当然の処置と言えよう。②、③、④、⑤については、基本的に許可となった。これは、いずれについても妥当な回答と言えるだろう。⑥については、艦長の裁量により臨機応変の処分をし、帰国後に正規に処置することとなった。これは、裁量権を大きく与えざるを得ないほどの長期の航海だったということである。⑦については、海軍葬式条例の草案が示された。

その海軍葬式条例の草案の内容は、外国での死者の発生に対しては陸上に埋葬し、弔銃の実施ができるよう当該国と調整し、無理な場合は艦内で実施であった。

そして、士官が死亡した場合には、それに加えて港内に停泊している各国の艦船に死者の氏名と葬送式、埋葬式の時間と場所を、所在先任指揮官から各艦船に伝達してもらうよう調整するであった。これは、当時の国際的な儀礼に則ったものであろう。世界の海軍との交流のなかで、国際慣例を守ろうという姿勢がここにみられる。海軍軍艦の外国港での振る舞いは重要なことと考えられていたのである。

水路局に保管されているイギリス版海図などを借り受ける

航海に欠かせない海図について、当時の日本海軍の実情を紹介しておく。

日本最古の海図は、一六五〇年に外国人の手によって作られた日本近海の図で、伊豆諸島から北海道方面の沿岸にかけて海の深さが記載されていた。

その後一七七八年から一七七九年にわたって、イギリスのキャプテン・クックが、三回の世界的な航海（いずれも異なる航路）を行って至るところで測量をした。しかし、クックは、三回目の航海の際にハワイで現地人に殺された。その後、キャプテン・キングという人が、その志を継ぎ一七七九年にカムチャッカ、千島列島、陸中宮古沖の海岸線を測量した。これによって、日本沿岸がイギリスの海図に載せられた。

さらに八重山列島をイギリス海軍が調査して一八四五年に海図を出版、アメリカは安政、嘉永のころに琉球から伊豆七島、下田、東京湾にかけて測量して精密な海図を出版した。ロシアは、もっと前から千島列島や北海道を測量している。このように、明治以前の日本は、外国が測量して出版した海図に載せられていた。しかし、自前で測量した海図は持っていなかった。

測量や海図の作成などは、「水路事業」の一つであり、海軍の水路局が、それを担っていた。水路局は、津藩（三重県津市）出身の柳楢悦が、明治二年に海軍に出仕後、明治二十一年までそのトップにあって水路事業を進めた。

「清輝」がヨーロッパ航海を行った時期、水路局によって海図を作製するための測量はすでに開始されていたが、日本周辺の測量が全て完了したのは大正時代に入ってからであった。このため、海外派遣のための海図や、その海域の

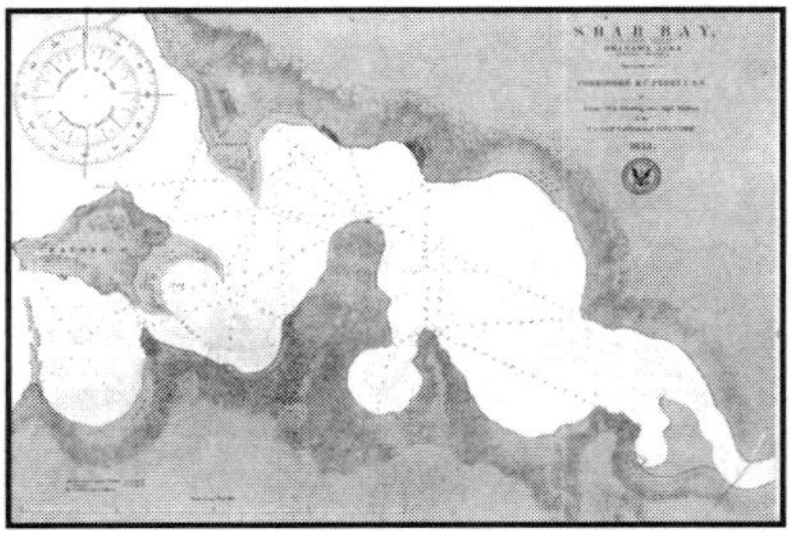

1853年に米国で発刊された沖縄謝名湾の海図（米村末喜『航海の話』1927年から）

特性などを記した水路誌は、全て外国から購入するしかなかった。

明治六年に海軍大輔川村純義がヨーロッパを視察した際、イギリス版海図二四二七枚、水路誌九十九冊を注文し、同年十一月にこれらを入手して、その多くは水路局に保管されていた（『日本水路史』、『航海の話』より）。

水路局は、その貴重な書籍の一部を「清輝」からの要望により貸し出した。貸し出されたのは、『英国近海水路誌』、『地中海水路誌一八六八年』、『紅海水路誌一八七三年』、『スエズ溝渠通航規則書』（注：スエズ運河通航規則）など十六冊であった。

士官を精強メンバーに交代させる

西南戦争後、海外派遣を見据えての人事異動があった。「清輝」の士官二名が退艦、新たに士官等十一名が乗艦した。退艦したのは副長の高木安行海軍大尉と元海兵士官の坂元である。高木は病気が理由であった。坂元は「清輝」を退艦後、ドイツのクルップ社で大砲の製造を学ぶことを海軍省に願い出、それが認められドイツに留学した。そして、「清輝」派遣中に井上艦長がドイツを研修旅行した際に再会し、クルップ社を案内することになる。坂元は、員外として「清輝」に乗艦しており、海兵隊も完全に廃止となったので、彼の代りに乗艦した士官はいない。もう一人の元海兵士官の篠崎仲純海軍少尉補は、そのまま「清輝」の乗組士官となった。篠崎は、西南戦争において海兵隊というよりも乗組士官（つまり船乗り）として勤務していた。

新たに乗艦した十一名のうち一人は川村正助海軍少尉補で、イギリスに留学する予定の者、いわゆる便乗者である。もう一人は、上村正之丞海軍少尉補であり、上村は、後述する明治八年、第一期の遠洋練習航海で「筑波」に実習員として乗艦していた。その後、軍艦「雷電」乗組士官として、西南戦争に従軍、明治十年十二月十七日（出航の一ヶ月前）に「清輝」に配置となった。上村は、西南戦争で、海軍兵学校卒業生初の戦死者とされる雪下少尉補の欠員を埋める存在であった。

そして、残り九名の士官等は、派遣のために補強された人員で、様々な経歴と専門性を持った者たちであった。その九名の士官等とは、

伊月一郎（副長）　軍艦「筑波」から。
伊地知弘一（甲板勤務の士官）　東海鎮守府から。
高田政久（英語通訳）　東海鎮守府から。
森村扇四郎（フランス語通訳）　横須賀造船所から。
片野保（機関長補佐、フランス語通訳）　横須賀造船所から。
平野為信（主計官）　会計局から。
加賀美光賢（軍医）　医務局から。
三浦重郷・関文炳（測量士）　水路局から。

いずれの人物も、それぞれの分野における先駆者であり、専門性に富んだ人物であった。井上艦長と、西南戦争に従軍した士官たちは、「雲揚」以来の堅い信頼関係で結ばれていた。そ

れにもかかわらず、ヨーロッパ航海にあたっては、これら九名もの士官クラスの人員を補強した。それほどヨーロッパへの長期航海は、大きな任務であった。補強されたのはどのような人物であったのか、次章で紹介していきたい。

第三章❖「清輝」の応援士官は専門家集団

異例の抜擢を受けた副長、伊月一郎

伊月一郎海軍大尉は、明治十年十二月十一日「清輝」に乗艦し、副長としてヨーロッパに派遣された。もともと「清輝」副長には、高木大尉がいたが、西南戦争後、病気療養となり、長期航海はできないことから、十二月十八日付けで退艦となり、代わりに副長を拝命したのが伊月である。伊月は、明治政府ができて初めて海軍兵学校（海軍兵学寮）生徒の中から、海外留学を命じられた一人である。

海軍士官の養成は、明治二年九月に海軍操練所（翌年に海軍兵学寮に改称、その後海軍兵学校となる）を創設して開始された。しかし、海軍操練所だけでは生徒の教育に数年を要するので、なるべく速やかに実地について修業させせようと、明治三年三月十四日に二人の生徒が、イギリスの軍艦に乗り組むこととなった。そのうちの一人が徳島藩出身の伊月で、もう一人は、鹿児島藩出身の前田十郎左衛門であった。

その留学は、五年以上の期間を外国海軍の軍艦で勤務させるという、将来を見据えた人材育成でもあった。文献によっては、一時「清輝」の艤装掛りを務め、「清輝」と同日にオーストラリアへの遠洋練習航海に出発した「筑波」艦長の松村淳蔵を明治海軍が送り出した初の海外留学生としている。しかし、松村は、藩費・自費によってアメリカの海軍兵学校に留学し、帰国後に海軍士官に採用されたので、明治海軍が送り出した留学生とは言い難い。海軍が送り出した初の海外留学生と言うならば、やはり伊月と前田であろう。

海軍操練所に入校したばかりで、実質的な教育はほとんど受けていない二人ではあったが、海軍は、折から来航したイギリス艦隊の司令官ホルンバイ提督に三年の予定で（結果的に五年となったが）、軍艦に乗艦しての教育を依頼した。そんな依頼が簡単にできるのかと疑問ではあるが、すでにこの艦隊には、チリ五名、ギリシャ二名、ノルウェー二名、スウェーデン三名の士官候補生が教育を受けるために乗り組んでいた。当時、世界中に勢力を広げていたイギリスに依頼して、士官候補生を軍艦で教育することは、珍しいことではなかった。

明治三年三月十四日伊月と前田は、イギリス軍艦「ヒーベー（Phoebe）」に乗艦した。伊月らを乗せたイギリス艦隊は、横浜を出航して太平洋を横断し、南アメリカ大陸西岸を南下して、大西洋に入り、九ヶ月後にイギリス本国に達した。伊月は、その後、「ハーキュリース（Hercules）」に移って二十ヶ月の航海を行い、さらに「ナエシエス（Narcissus）」に乗り組んで運用術を研究し、明治七年、「オーデシアス（Audacious）」へ移った。

伊月はイギリス軍艦で教育を受ける中で、明治四年一月には女王よりイギリス海軍の少尉（Sub Lieutenant）に任命された。留学して教育を受けたと言っても実際には、乗艦している士官として勤務していた。それは、軍艦での勤務そのものが、教育であり、実習と言えるからである。

伊月のイギリス軍艦乗艦中の逸話が残されている。

「ハーキュリース」乗艦中の明治七年七月、地中海シチリア島沖を航行中の夜間、暴風となり、艦が陸上に吹き寄せられ、座礁するかもしれないという危機にあって、前甲板で当直していた伊月は独断で錨を投じるという機敏な処置をとった。これによって、艦は座礁を逃れることができた。伊月はこの手柄によって、司令官及び艦長から褒賞を受けた。

一方、一緒に乗り組んだ前田は、残念なことにイギリス軍艦内において割腹自殺した。前田の自死については、佐光昭二「留学生前田十郎左右衛門の死」（『英学史研究』三四号）を引用して紹介する。

前田を誰よりも最もよく知っているはずの伊月が、思いがけない彼の死に直面し、何も彼を理解していなかった自分の不明に戸惑い悩んでいた。

横浜出航時は、前田・伊月とともに「ヒーベー」に乗艦していたが、途中、訓練上の必要性から前田は旗艦「リバプール（Liverpool）」に転乗となった。ホルンバ

「扶桑」:オーデシアスをモデルシップとする甲鉄艦で明治11年にイギリスから購入した。（『幕末以降帝国軍艦写真と史実』（国立国会図書館デジタルコレクション）

イ提督の観察では、伊月と別れたことがうつ病の引きがねとなったか、あるいはうつ状をさらに悪化させたとされている。

前田が、うつ病になった要因として、言葉の障害があった。比較的楽天家であった伊月に対し、前田はずば抜けた秀才で、極めて生真面目な、完璧主義者であった。それだけに彼の語学力は留学生活の大きな障害となって自信を喪失、次第に厭世的気分に傾いていったのではないか。さらには、性格がゆえに、日本の将来を背負ったかの重大な国家的使命感が、これまた格段のストレスとなって彼を徹底的に追い詰めたのであろう。切腹はその、うつの症状が昂じての突発的な決行であった。

伊月の帰国は明治七年と『日本海軍史』には記されているが、留学生徒への旅費の支払いに関する当時の在イギリス上野全権公使の文書には、オーデシアスに乗艦中の伊月に当艦が支払った給与の記録、すなわち明治七年八月から、翌明治八年三月分まで各月二十ポンドが支払われたことが記載されている。イギリス軍艦に乗艦していても日本政府は、大使館を通じて、ポンド建てで伊月に対して給与を支払っていたのである。その記録から帰国は、明治八年四月以降と推測できる。明治三年三月から同八年四月以降、五年間を超える留学であった。

五年間以上もイギリス軍艦で勤務していながら伊月は、海軍の学校を卒業していないので、当時の規定「海軍省からの留学生が帰朝した際、留学中の履歴書を差出し、予科学から海軍学術に至るまで、総て海軍兵学寮に於て試験するべし」（海外留学帰朝之生徒試験法第一章）により、海軍兵学校において基礎的な素養及び、各専門に対する学術及び実地について試験を受けなければならなかった。これがなかなか大変で、その科目は左表のとおりである。

予科は全点の四分の三、本科は全点の五分の三以上で及第となっており、科目数を考えると大変厳しいように思える。しかし、実は一芸に秀でていればよかったようで、本科の内の一つが九分の七以上あれば、他の成績が悪くとも及第となれた。本人の得意とする本科の科目、すなわち、砲術、船具運用、航海術、蒸気機関学、造船学のうち一つに秀でていればよしとするものであった。

伊月は、これらの試験をイギリス人教師ジョーンズ海軍中佐立合いの上で受けた。当時は、兵学校での教育にイギリス人教師を雇用していた時代であり、まだ自前で教官をまかなえる状況にはなかった。そして伊月は及第点となり、明治八年十月海軍大尉を拝命し、日本の軍艦「乾行」副長となった。

伊月は「乾行」副長として西南戦争に従軍中の明治十年八月、病死した福村周義海軍少佐の後任として「筑波」副長に

予科として、

第一	身体健康であること		
第二	皇学	50点	
第三	算術	200点	
第四	代数	250点	
第五	幾何学	120点	
第六	三角術	80点	
第七	英語学	60点	
第八	地理学	50点	
第九	万国史	50点	
第十	訳文	30点	ただし辞書の使用可
第十一	理学	50点	ただし科学でも可

本科として、

第一	砲術	80点
第二	船具運用	80点
第三	航海術	150点
第四	蒸気機関学	180点
第五	造船学	180点

移動となり、そのまま西南戦争を終え、明治十年十二月に「清輝」乗り組みとなった。

「筑波」は、「清輝」と同日にオーストラリアへ向けて遠洋練習航海に出航するのだが、敢えてその「筑波」から伊月は引き抜かれた。「筑波」には、ウィルラン海軍中佐をはじめとするイギリス人教師が乗艦して、少尉候補生の教育だけでなく、艦の運航にも艦長とほぼ同じ権限と責任が与えられていた。このため、病気療養中の高木大尉の代わりとして伊月を「清輝」に移乗させることは、可能だったのであろう。

このウィルラン中佐に関しては、イギリス海軍でも大変やかましい人だったと伊月は述べている。そのやかましいイギリス人教師の乗艦する「筑波」で遠洋練習航海に行くことよりも、日本人だけの運航である「清輝」でヨーロッパへ航海することに、伊月の知識・能力が期待されたのは確かである。

一九三六（昭和十一）年に書かれた海軍内の記事、谷口尚眞海軍大将「明治十一年軍艦清輝の欧州航海に就て」『有終』（以後「谷口の記事」と記載する）には、年齢は三十歳に満たない、そして兵学校生徒から九年を経たのみでヨーロッパへの大航海の任につく軍艦の副長となったことは、異例の抜擢で、適材適所と言うべきと評価されている。

東郷平八郎とともにイギリスへ留学した甲板士官、伊地知弘一

伊地知弘一海軍中尉は定員外として、「清輝」に明治十年十二月八日に乗艦した。伊地知の「清輝」における職務は、「甲板士官」となっている。名簿では、大尉である副長の伊月一郎

に続く三人の中尉の中に名前を連ねていることから、昭和の海軍や現在の海上自衛隊における初級若手士官の職務としての甲板士官ではなく、甲板上で勤務する士官という意味での甲板士官である。

明治海軍にあって、軍艦を運用する人材は、伊月のようなイギリス軍艦への乗り組んでの留学に加え、明治四年二月からは、アメリカ及びイギリス本土への留学によっても育成されていた。

最初の留学生は、海軍兵学寮の生徒並びに軍艦乗組みの者から成績優秀な者を選抜し、九名の兵学寮生徒と五名の海軍生徒がアメリカ・イギリス両国へ派遣された。伊地知弘一は、東郷平八郎を含む五名の海軍生徒の一員としてイギリスへ留学した。

伊地知らは、イギリス海軍の軍艦に乗り組んでの実習をすることはできず、航海学校の保有する帆船で航海実習を受けた。伊地知のイギリスでの状況を記録したものは見当たらないが、一緒に留学した東郷について調査した文献からその足跡を知ることができる。

当時、ロンドンには華族や旧諸藩の留学生らが大勢暮らしていたので、一行はロンドン到着後、めいめい知人の下宿で生活を始めた。そして、五名は海軍の予備校であるロイヤル・ネイバル・アカデミーに入学し、約一年教育を受けた。その後テームズ・ノーティカル・トレーニング・カレッジで約十八ヶ月の教育を受けた。そして、この学校が海軍から訓練用に貸与されている軍艦「ウースター（Worcester）」において、一般科目と実地訓練を受けた。

留学生らは、明治八年二月から「ハンプシャー（Hampshire）」で遠洋航海に出発、各国を訪問したが、伊地知は、この遠洋航海には参加せず、他の留学生よりも早く、明治八年四月に帰国した。早く帰国となった理由は不明である。そして、東郷平八郎を含むその他の四名は、明治十一年にイギリスで建造された軍艦「扶桑」に乗艦して帰国した（宮永孝「イギリスにおける東郷平八郎」『社会志林』より）。

伊地知は、イギリスからの帰国後、軍艦「浅間」で勤務し、明治十年一月十二日に「高雄丸」に乗り組みとなった。これは、西南戦争に備えての配置である。「高雄丸」は指揮船とも言われ、参軍たる川村純義海軍中将が乗艦し、作戦に合わせて編成された陸海軍の統合部隊の指揮にも活用された。その参軍指揮の下で、海軍の艦隊は軍艦「春日」座乗の伊東祐麿海軍少将が指揮を執っていた。川村中将を乗せた「高雄丸」は、同年二月七日に神戸を出航し、九日に鹿児島に入り、鹿児島の状況を偵察した。その後、伊地知は、「高雄丸」から「春日」に移り、艦隊司令部で伊東司令官の幕僚として勤務し、西南戦争後は、東海水兵本営勤務となっていた。

伊地知の留学以前にも、自費または県費によってアメリカに海軍学術修行の目的で留学した者がおり、留学後、もしくは途中で海軍の生徒として編入された数は十六名になる。これは海軍からしてみれば、効率よく人材を手に入れたと言える。「清輝」と同日に遠洋練習航海に出航した「筑波」艦長の松村淳蔵もその一人であることは先に述べた。

イギリスで海軍会計を学んだ主計官、平野為信

平野為信小主計（経理補給などを担当する少尉相当官）は、副長の伊月と同日の明治十年十二月十一日に「清輝」に乗艦した。もともと「清輝」には、主計官として八洲学中主計（中尉相当官）がいた。八洲は、江華島事件の際には、井上艦長とともに、「雲揚」の端艇に乗り、朝鮮側から砲撃を受ける直接の原因となった測量をしていた。その後「雲揚」から「清輝」へ移動し、そのまま西南戦争に従軍した。井上艦長の八州への信頼は厚いものがあったが、敢えてそこに定員外として乗艦したのが平野であった。

平野は、明治二年海軍に出仕した。英語に堪能であったことから、翌明治三年に、船舶の機関を教授するイギリス人教師が来た際にはその付き添いを、またイギリス海兵士官で砲術を各軍艦に教授したホース海軍大尉の通訳を務めた。平野は、明治六年六月十六日、イギリス軍艦「アイアン・デューク（Iron Duke）」に海軍の会計について勉強するためにもう一人の士官甲賀信郎とともに乗り組んだ。海軍省の再三の要望により、外務省がイギリスに要請し、ようやく認められた留学であった。二人は、そのまま

アイアン・デュークHMS-Iron Duke（明治7年横須賀造船所に入渠中の写真『横須賀海軍船廠史第2巻』国立国会図書館デジタルコレクション）

イギリス本国へ至り、イギリス本国の造船所における会計の実地研究という任務を与えられ、その知識の習得に励んだ。

その後二人は、アメリカに渡り、初の遠洋練習航海中の軍艦「筑波」がサンフランシスコに入港した際に便乗し、明治九年四月に帰国した。帰国後の平野は、会計局で勤務し、イギリスに発注して建造中の三隻の軍艦（「金剛」、「比叡」、「扶桑」）を日本へ回航する諸経費の処理などの業務にあたり、西南戦争時は、「各地派遣」された者として従軍者名簿に名前がある。「各地派遣」とは、「戦地に至る者、神戸に滞在、兵庫用所及び長崎出張所員の一時征討事務を執る者」とされているが、平野の具体的な職務は不明である。記録からは、西南戦争中もこの三隻の軍艦の日本への回航に関わる調整業務にも従事していたことが判明している。

当初、海軍主計官の育成は、平野と甲賀を教官として、国内教育を開始する思惑であったが、二人の修業の見通しが立たないことから、海軍は、明治七年アメリカ海軍の主計官バートンを三年契約で雇用して、東京芝山内天神谷の会計学舎にて主計官の教育をすることにした。生徒の修学年限は三年間と定められ、志願者の募集が始まった。生徒の定員は二十五名、年齢は十八才から二十五才までであった。学舎の規則に定められた教育科目には、洋学、洋算、米国海軍記簿法、独語、海軍会計局章程等があり、初めて米海軍の簿記が導入された。

そして、明治九年に海軍主計学舎と改称し、翌明治十年六月に場所を池上本門寺に移したが、同年九月にバートンが契約満期となったところで解雇し、同舎は廃止となった。

同舎廃止によって、生徒二十四名は、海軍省会計局の各課や艦船で実務研修し、そのまま業務に就くこととなった。そして、翌明治十一年四月、生徒の養成は中止となった。主計学舎の廃止は、バートンの任期満了に伴う解雇だけが理由ではなく、経費の問題もあった。

しかし、主計生徒の教育を中断したことで、その後の人員補充ができなくなるのは必然で、艦船の増加に伴い、主計官不足となることは目に見えていた。結局五年後の明治十五年に必然的に主計学舎は再興され。その後組織の改編等があったが、最終的には海軍経理学校と呼ばれるようになり、海軍主計士官となる生徒を教育するとともに、主計兵曹長及び一等主計兵曹から選抜し、士官となる選修学生に必要な教育を施すところとなっていった（『日本海軍史』より）。

平野は、国内で主計官の教育が始まる前に、軍艦の会計業務をイギリス軍艦及びイギリス本国の造船所において学び、実地に研修した主計官の先駆者であり、海外の港でその手腕を発揮することとなる。

英語通訳、高田政久

高田政久中秘書は、東海鎮守府から英語の通訳として乗り組んだ。英語に堪能な士官は、伊月、伊地知及び平野と三名が補強されてはいたが、伊月は副長、伊地知は甲板士官、そして平野は主計官としての任務があり多忙であることから、通訳を専門とした人物の必要性が唱えられ、高田が選ばれて、「清輝」に乗り込むことになった。中秘書とは、軍人ではなく、中尉相当の文官という立場であった。

高田が、どのようにして語学を習得したのかは、不明である。判明しているのは、外務大丞（今でいう外務次官の一つ下位）の柳原前光（京都の出身）の家臣だったことである。

高田は、明治八年の江華島事件の際には、「雲揚」に乗艦し、測量をしていたとされる端艇にも乗っていた。さらに、朝鮮砲台への攻撃の際には、陸戦隊の兵二、三名を率いて敵が逃走すると予想される南門に向かったと記録があり、文官でありながら戦闘に参加していた。

さらに翌明治九年一月に朝鮮国に黒田全権弁理大臣が差し遣わされたときには、これに随行した。この際には建造中であった「清輝」艦長の井上少佐（中佐に昇任したのは、この年の四月）が、一時的に「高雄丸」の指揮を執って、護衛の海兵隊を乗せて随行しており、そこには江華島事件の際に「雲揚」で戦った士官も随行していることから、高田はその近くにいたのではないかと思われる。

また、西南戦争にあっては、「各地派遣」された者として従軍者名簿に記載されている。前述の柳原は、西南戦争の初期、明治天皇の勅使として、元薩摩藩主の島津氏のもとに派遣され、島津氏が西郷に荷担しないように、根回しをした人物である（第二章で既述）。記録にはないが、おそらく高田は、この勅使である柳原に随行して鹿児島入りをしていたのであろう。

高田は、ヨーロッパ航海から帰国後の明治十三年五月、在ロシアの日本公使館に書記官として赴任し、その後海軍中尉に任官した。そのときの在ロシア帝国全権公使は、柳原前光である。高田と柳原は様々な場面で密接に関係していた。

横須賀造船所から乗艦したフランス語通訳森村扇四郎と技術官片野保

「清輝」の派遣にあっては、横須賀造船所から二名が応援のために乗艦した。それは、フランス語通訳として森村扇四郎、技術官として片野保である。

森村は、明治五年に横須賀造船所の技術学校である「学舎」に七名の同期生とともに技術見習いとして任命された技術官である。この学舎では、「学科は造船学及び機械学。但し、まずフランス語学を修学し、その後に数学を学び本科に進む」とされ、最初にフランス語の修得が必須であった。

森村は、職工としてではなく、職工指導者として西洋式教育により育てられた。フランス語及び数学はフランス人の砲兵下士官から学び、理数、化学の教師もまたフランス人であった。「学舎」では、高度な理数学が教授されるとともに、若干の者にあっては、現場で半日間の作業を義務付けられ、一般職工と同様の作業を実施していた。修行期間は四年間で、明治九年に修業した（長尾克子「明治初期の造船造機技術教育」『日本造船学会誌』より）。

そのときの同期で山口辰弥という者がおり、山口は、学術優等で品行方正かつ将来有望なことから、卒業後の明治九年七月から明治十二年にかけてフランスに留学した。

明治元年の製鉄所（『横須賀海軍船廠史第１巻』国立国会図書館デジタルコレクション）

「清輝」のヨーロッパ航海時、フランスのツーロン港に修理のために入渠した時期、山口はツーロンで研修を受けていたのだが、「清輝」の報告書には山口のことは記されてはいない。

「清輝」での森村は、海軍生徒（士官候補生）の待遇で、通訳として乗艦していたが、派遣した造船所側にとっては、海外研修の意味合いがあったものと推察される。山口のようにフランスに三年間留学というわけにはいかないが、実地に軍艦に乗って、ヨーロッパまで航海することは、途中での修理などのことも考えれば、有意義な派遣となると見積もっていたのであろう。

一方、片野保は、技術官という職名で、実態は機関長の補佐として勤務しており、蒸気機関の専門家であったと推測できる。「清輝」の機関長は、井上艦長が「雲揚」から引き抜いてきた星山中機関士（中尉相当官）である。その星山をサポートするために横須賀造船所から派遣された片野は、機関だけでなくフランス語に堪能であり、通訳としても活躍することになった。

西洋医学の教育を受けた軍医、加賀美光賢

「清輝」にはもともと中軍医（中尉相当官）の足立静と軍医補（少尉補相当官）の加治木敬介が、西南戦争時から乗艦していた。ヨーロッパ航海のために軍医を一名定員外として乗り組ませることで、医務局で人選がなされ、加賀美大軍医（大尉相当官）が選ばれ乗艦した。

日本における近代医学は一八二三（文政六）年オランダ商館医として来日したドイツ人医師シーボルトによって開かれた。しかし、もうひとつの医学上の流れとされるのが、イギリス人医師ウイリスによってもたらされた外科手術による軍陣医学で、その起源は戊辰戦争（慶応四

年〜明治二年）に始まる。

幕末の日本では、戦場における負傷者の治療、苦痛の軽減などのすべはなかった。しかし薩摩藩は、戊辰戦争の際に官軍たる薩摩藩兵の負傷者を、西洋医に治療させようとイギリスと交渉した。その結果、当時兵庫に停泊中のイギリス軍艦に乗り組んでいた医師ウイリスが京都に派遣され、その外科手術により、多くの負傷者が救われた。

その後、ウイリスは横浜の仮軍事病院の院長として迎えられるが、日本の医学界がドイツ医学の導入を提唱したことで、行き場を失う。しかし、明治二年、西郷隆盛によって、薩摩藩の藩校である開成医学校に迎えられた。そこで、ウイリスから西洋医学の教育を受けたのが加賀美光賢である。

明治五年二月に兵部省が廃止され、陸軍省と海軍省に分立し、同年十月に海軍軍医寮が設置されて海軍の医務・衛生を所管することとなった。これが、海軍における医務・衛生制度の始まりとされ、翌明治六年海軍病院が設置、さらに付属する学舎が設置され、海軍軍医部の制度が整った。

明治六年に第一期軍医生徒十一名が採用されて、軍医の育成が始動したとき。加賀美は、海軍軍医寮の軍医官であった。

明治九年頃の医官の軍艦への乗り組みは、十ヶ月間と定められ、交代した医官は海軍病院に勤務し、医術を学んで技量の向上に努め、また乗艦するというローテーションになっており、明治十一年には交代期間が二十四ヶ月に改められていた（『海軍医務・衛生史』より）。

水路局から派遣された測量士、三浦重郷と関文炳

海軍の水路局は、「清輝」のヨーロッパ派遣にあたって、水路局所属の少尉補二名（三浦重郷、関文炳）を出航のわずか二日前の一月十五日に乗艦させた。この二人と職務上関係の深いのは、航海長（当時は測量長と呼ばれていた）の角田秀松海軍中尉である。角田は、江華島事件では「雲揚」で井上艦長とともに戦っており、さらに西南戦争でも「清輝」乗組士官として従軍した。その角田を支援するために水路局からこの二人の少尉補が乗艦した。

水路局は、明治二年に創設された水路事業を担当する海軍の組織で、図誌製造、測器試験、海岸測量、測天観象（天文・気象観測）の任務をもっていた。これらの業務は、現在では主に海上保安庁が所掌している。

この水路業務に尽力したのが柳楢悦である（第一章で既述）。柳は、一八五五（安政二）年長崎に海軍伝習所が創設され、各藩が伝習生を入所させたときに津藩から入所した。柳は、すでに藩校において、数学を学び、算法、量地術などを研究していて、航海に必要な天測用六分儀を測量用に実地に使用していた。伝習所を修業してからは、藩に戻ってオランダ航海学書の翻訳などに従事していた。その技量を買われて、海軍創設時から水路局のトップを務めた。

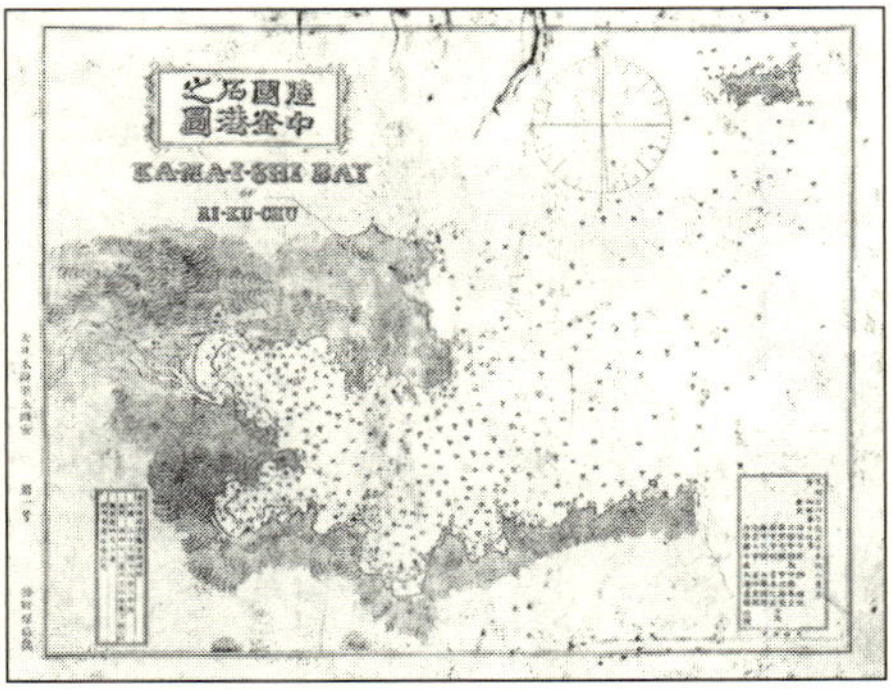

明治四年に海軍が初めて作製した海図
「陸中国釜石港之図」（『航海の話』より）

水路局は、明治二年と三年にイギリスの軍艦「シルビア（Sylvia）」と共同して瀬戸内海での測量を実施した。しかし、日本側の知識が未熟であったので、原図ができただけで、海図として出版するには至らなかった。そして、その年に日本海軍の人員のみによって釜石港の測量を行い、翌明治三年に出版された海図が、初めての我が国により作製された海図である。以後、日本の領土の全海岸を水路部が測量を行い、ひととおり終えたのは大正時代に入ってからであった（『日本水路史』より）。

三浦・関の両名は、水路局に勤務する十四名の少尉補とともに明治十年十月から、軍艦「乾行」において、「運用術研究」を命じられていた。測量の技量は学術的には十分であるが、実際に船に乗って測量機器を扱うには、実地研究が足らないということであった。この二名を「清輝」に乗艦させた柳の思惑は、ヨーロッパ航海という絶好の現場修業、そして「清輝」側としては測量学術が生かされる場面を予測していたのであろう。「清輝」内では測量士と呼ばれていたが、その職務はいわゆる航海士である。また三浦と関は英語をある程度話すことができた。

第四章❖
明治海軍の軍艦の海外派遣

「清輝」の航海を語る前に、明治海軍の軍艦の海外派遣について紹介しておきたい。一九三八（昭和十三）年に発刊された『近世帝国海軍史要』によれば、海軍軍艦の海外派遣は、交戦目的、警備目的、練習航海目的、及び特別任務のための派遣の大きく四つに分類されている。

交戦目的による派遣とは、いわゆる戦時・有事のことであり、最初の派遣は、明治七年の台湾征討である。台湾征討のきっかけは、日本船の遭難事件から始まる。

明治四年十一月、宮古の船が糧食を積んで那覇を発したが、風浪のため、台湾の南端付近に座礁し、三名が溺死した。残った六十九名は上陸して、付近の住民に救いを求めたにもかかわらず、理由なく虐殺された。駐留していた清国の官憲に助けられ十二名だけが生き延びた。

この事件に対して、明治政府は、まず清国政府の意向を確認し、清国政府から、この件には無関係という旨の回答を得て、台湾征討を決定した。派遣されたのは、「日進」、「孟春」、「筑波」の三隻の軍艦と運送船十三隻で、陸軍の兵約三、六〇〇名を輸送した。

その後は、井上良馨が「雲揚」艦長のときに発生した明治八年の江華島事件（前述）、明治十五年と明治十七年に朝鮮国で発生したクーデターの対応（京城事変）、そして一八九四（明治二十七）年以降、日清戦争、北清事変、日露戦争と続く。

警備目的のための派遣は、居留民（在留邦人）の保護を任務としたものを指しており、古くは一八九三（明治二十六）年ホノルルの在留邦人の保護のために「金剛」、「浪速」が派遣されたのをはじめとして、一八九八（明治三十一）年米西戦争の際、マニラに「松島」、「浪速」、「秋津州」が、居留民保護のため派遣された。

練習航海目的のための派遣は、兵学校生徒や少尉候補生の実習のための遠洋練習航海であり、明治八年から一九四〇（昭和十五）年まで六十五年間にわたり続けられていた。

そして、特別任務のための派遣は、「清輝」をはじめとして、イギリス国王の戴冠式への参列など親善目的で、明治時代に十回行われている。

明治海軍の三大航海

明治海軍の三大航海を論文に取り上げた海軍の軍人がいる。それは谷口尚眞海軍大将で、一九三五（昭和十）年及び一九三六（昭和十一）年、海軍内で刊行されていた雑誌『有終』誌上にその論文が掲載された。谷口の言う明治海軍の三大航海とは、①「筑波」による一八七五（明治八）年の太平洋横断サンフランシスコへの航海、②「筑波」による一八七八（明治

谷口尚眞海軍大将

である。十二）年の赤道航過、オーストラリアへの航海及び、③「清輝」による同年のヨーロッパ航海

明治八年「筑波」の太平洋横断航海

明治八年の「筑波」によるアメリカ合衆国サンフランシスコへの航海は、初の遠洋練習航海であり、これを谷口は次のように述べている。

当時海軍の諸施設は未だ緒に就かず。海軍兵力も頗る微々たるものであったが、当局は何ものよりも先ず人材の養成を急務となり、経費の多端なるを顧みず、初めて兵学寮を卒業した第一号生徒（注：原文のママ）から、外国練習航海の制度を実行した。

日本国内での海軍士官の教育は、海軍操練所が明治二年に開設（翌年に海軍兵学寮と改称）されて始まった。そして明治六年七月にイギリスから海軍教師三十四名、艦長経験者以下専門分野（砲術、測量、機関、造船など）の軍人を雇い入れ、兵学校生徒の教育にあたらせた。

それまでは、オランダ人から算術、造船術などを教わり、アメリカ人から英語を教わる等、あまり体系的には行われていなかったが、これをもってイギリス海軍による教育に一本化された。そして、その教育は、明治十四年まで続いた。

イギリス人教師による進言もあって、海軍は「筑波」を練習艦と定め、遠洋練習航海を実施

第一期遠洋航海の生徒たち

するようになった。その第一回が、海軍兵学校第二期から四期の生徒四十二名（四十七名という記録もある）が乗艦し、アメリカ合衆国サンフランシスコを往復したこの明治八年の航海であった。

「筑波」は、十一月に品川を出航し、サンフランシスコ、メイアアイランドを訪問、そしてサンフランシスコを経由、ハワイのホノルルを訪問して、翌明治九年四月十四日に横浜に帰港した。

この「筑波」によるサンフランシスコ訪問は、一八六〇（万延元）年に「咸臨丸」が初めて日本の軍艦として米国を訪問してから約十六年後のことであった。

「咸臨丸乗員の日本服姿を記憶するサンフランシスコ港の人々は、全然欧式海軍に変わった筑波の威容に対し、驚きの眼を見張った」と記録されている。

もう一つの寄港地ハワイでは、艦長以下九名が、カラカウア国王に謁見する機会を与えられた。その際に、日本からの移民をハワイにどうか、という勧誘があった。当時の「筑波」の報告には、移民の話が国王からあったことが記載され、それは海軍大輔川村純義から太政大臣に上申が出されている（「帝国練習艦隊関係雑纂　第一巻」外務省外交史料館）。

正式には、明治十四年にカラカウア国王が日本を訪問したときに、明治天皇に対して、直接この移民のことについての話があったのだが、その五年前の「筑波」によるハワイ訪問が、移民の空気を醸成する動機となったと谷口は述べている。

また、カラカウア国王は「筑波」に来艦した。そして、「筑波」は、各種訓練（戦闘訓練、小銃操作訓練、防火訓練）を披露し、甲板と機械室を案内した。

明治十一年「筑波」のオーストラリアへの航海

明治海軍三大航海の二つめは、明治十一年、これも「筑波」による遠洋練習航海である。一月十七日、海軍兵学校第五期の生徒四十一名を乗せて横浜を出航し、オーストラリアのブリスベン、シドニーを訪問し、六月に横浜に帰港した。この航海では日本海軍の軍艦が初めて赤道を通過した。

「筑波」は、明治四年に海軍がイギリス人から購入した船であり、稽古艦、練習艦などと呼ばれていたが、西南戦争に従軍した立派な軍艦である。

その「筑波」による二回の航海は、太平洋横断と赤道通過という大きな意義はあるものの、目的は海軍兵学校の生徒のための遠洋練習航海であった。そして、生徒の指導のために、いずれの航海においてもイギリス海軍の軍人が教師として乗艦していた。日本海軍は、明治十四年の遠洋航海までイギリス人教師による指導を受けていた。これは、士官の養成に従事する教官の育成には、まだ時間を必要としたということである。

「筑波」によるオーストラリアへの航海にあっては、ウィルラン中佐をはじめとする五名のイギリス人教師が乗艦していた。ウィルランは、明治九年に来日し、約六年間にわたり、海軍兵学校及び、練習艦において教官として勤務し多大な功績を挙げた。とくに、兵学校勤務の際に著述した「艦隊運動軌範」は、のちに日本海軍の艦隊運動の原則を定めた「艦隊運動程式」の基になったもので、それは大きな実績である。

ウィルランは、大変厳格な人で、ときには艦長に対しても厳しく言うことがあった。この航海時、ウィルランには、艦長と同様に、艦の行動を決定し、あるいは、艦を指揮する権限が海軍大輔から与えられていた。ただし、あくまでも「筑波」艦長の松村大佐との協議は必要とはされていた。松村は、アメリカの海軍兵学校を卒業した海外通であり、遠洋航海の任務を帯びた軍艦の艦長には適役と言えるが、その行動を決定する権限がイギリス人教師にも与えられていたことは心中複雑だったことであろう。

築地の海軍兵学寮（『帝國海軍史要』より）

明治十一年「清輝」のヨーロッパ航海

明治海軍三大航海の三つめが「清輝」によるヨーロッパ航海で、「筑波」のオーストラリアへの遠洋練習航海と同日に出発した。

その航海は、「実地研究」という任務のもと、日本海軍の軍艦として最初のヨーロッパ訪問、その軍艦は初めて内地で建造されたもので、さらに邦人のみの運航による航海であった。

この航海について、海軍省から明確な行動の細部は示されなかった。そのため、この派遣は、一般軍事視察を目的とし、単に行動の大綱を示して、実行の細目に至っては、艦長の裁量に一任された。

そして「清輝」は、香港、シンガポール、コロンボなどを経由し、スエズ運河を超えて地中海に入り、ヨーロッパ各国を歴訪、イギリスで折り返して、トルコを経由したのち、再度スエズ運河を越えて、帰国した。それは一年三ヶ月にもおよぶ長期の航海であった。その航海の順に寄港した全ての港を左に記す。各港は、「谷口の記事」に書かれた名称で表記する。（　）内は著者の注釈で現在の名称。

　横浜を出航し、

・往路

金田湾　下田港　長崎　香港　印度マレー　新嘉坡（シンガポール）　サングイモール灘（現在の名称、場所不明）　錫蘭（セイロン）コロンボ　亜刺比亜（アラビア）アデン　アフリカ蘇士（スエズ）　イスメリア　アフリカ・ポートセード　馬他（マルタ）島ヴェレッタ　志志里（シチリア）島サイラキウス（シラクーザ）　志志里島メシナ（メッシーナ）　伊タリア・ネープル（ナポリ）　伊タリア・スペシア（ラ・スペッシア）　伊タリア・ゼノワ（ジェノバ）　仏国ツーロン　仏国マルセール（マルセイユ）　西班牙（スペイン）バルセロナ　西班牙カルタゼナ　英領ジブラルタル　葡萄牙（ポルトガル）リスボン　西班牙フェロール

・イギリス本国

英国プレモース（プリマス）　英国ポルトランド（ポートランド）　英国ポートモス（ポーツマス）　英国グリーンハイト

・復路

仏国セルブル（シェルブール）　英領ジブラルタル　仏国ツーロン　伊タリア・ゼノワ　伊タリア・ネープル　志志里島パレルム（パレルモ）　志志里島メシナ　馬他島ヴェレッタ　土国（トルコ）ベシカベー　チヤナク　ガリポリ　アルタッキ　君士坦丁堡（コンスタンチノーブル）　チヤナク　ポートセード　ビットル湖　アフリカ蘇士　亜刺比亜アデン　印度ボンベー　錫蘭コロンボ　錫蘭ポイントデガール　マラッカ海峡ペナン　マレー新嘉坡　呂栄（ルソン）マニラ　ランマ島西湾　香港　香港ローテートー島　チノベー厦門外港　厦門長崎　大邊浦　神戸　鳥羽　そして横浜に帰港。

海軍大輔の訓令と航海の概要

出航を前にして、川村海軍大輔は、「清輝」艦長に九項目の訓令を示した。その訓令に基づく「清輝」の行動の概要をここで紹介しておく。

①「清輝」は必要物品の積込み及び航海準備が完了したので一月十七日ヨーロッパへ向け出発せよ。

井上艦長は、一月十五日、「筑波」艦長の松村大佐とともに明治天皇に拝謁し、ヨーロッパへ向けて出航する旨を奏上した。そして、訓令のとおり、「清輝」は二日後の明治十一年一月十七日横浜を出航した。

②航海は香港を経てスエズ運河より地中海諸港、ジブラルタル海峡を過ぎ、ヨーロッパ英仏諸海軍要港を巡航すること。

「清輝」は、香港を経由して、スエズ運河を通航して地中海に入り、イタリア、フランス、スペインの各港に寄港したのち、ジブラルタル海峡を越えて、大西洋に入り、イギリスに到着した。そして折り返し、ほぼ往路と同じ港を経由しつつトルコに寄港したのち、スエズ運河を通航し、帰国の途についた。

③一つの港での停泊は長くとも一週間とする。

停泊は一週間に限るというのは、とくに大きな理由がない場合には守られていた。長期の航海でもあり、一カ所に長く留まるのは、控えるべきであったが、停泊が一週間を超えた港もいくつかある。イギリスでの停泊は二つの港で十日を超え、復路フランスのツーロンでは一ヶ月、マルタ島及びトルコで十二日、帰りのシンガポールで三週間などである。長期の停泊は、船体・機関の修理が関係しており、必要な場合には、柔軟に期間の延長がされていた。

④航海はなるべく帆を用い、港に出入り或いは無風の場合のみ蒸気機関とする。

これは石炭の所要量に関係することである。石炭購入費の見積もりでは、外洋での航海は帆走することを基準に計算されている。当時の船の運航としては常識的なことで、「清輝」からの報告書にも、通常は帆走していたことが記載されている。

⑤日没前に常にトップスルを縮帆すること。

トップスルとは、マストの一番上にある帆のことで、これを日没前に縮帆せよという指示を敢えて訓令として海軍大輔が示すのは、やや細かすぎるように思えるが、夜間航海時の縮帆は常識的なことであり守られていた。

⑥港に到着した際は、日本公使館、領事館を訪問し、同館を経由して航海中並びに当該国の状況を本国へ報告すること。

各寄港地の状況や、それに至る航海中の報告は、寄港地からその都度海軍省になされていた。「谷口の記事」では、この報告は、港湾の状況、各所見学の状況、互いの交歓行事やヨーロッパの国勢の推移に至るまでよくその要点を捉えていると評価され、さらに、文章が流暢で読む者に大変興味を持たせるとまで記されている。

また、外国に駐在している外務省の職員が、「清輝」入港中の要務を支援していた。本国外務省に対して、在イギリス、フランス、イタリアの日本領事から、「清輝」の行動やその支援にかかわる活動報告がなされていたことから、ヨーロッパ各国には、すでに領事が置かれ、やみくもにヨーロッパへと軍艦を派遣したわけではないことがわかる。

⑦条約未締結の港及び日本領事のいない港に入港するときは、同盟国の領事に便宜を依頼すること。

同盟国という表現を使用しているが、これは修好通商条約を結んでいる国を指している。当時、日本は、イギリス、フランス、スペイン、ポルトガルと当該条約を締結しており、各港に領事を置くことが可能となっていた。

これらの同盟国の中でもイギリスの存在は非常に大きい。なぜならば、日本からヨーロッパに至る航路にある港のほとんど（香港、シンガポール、コロンボ、アデン、ポートサイド、マルタ、ジブラルタルなど）は、イギリスの統治下にあったからである。必要な物品を入手する際も、イギリスに留学した経験をもつ士官が「清輝」には、三名乗艦していることから、その交渉は容易であった。イギリスによって便宜を受けた代表的な例は、トルコ皇帝の謁見を実現したことである。トルコとは国交がないにも関わらず、在トルコのイギリス公使とトルコ陸軍軍人の努力によって、「清輝」艦長以下、小笠原中尉、角田中尉及び高田中秘書がトルコ皇帝に謁見する機会を得、勲章を授与された。

⑧艦内は務めて清潔にし、乗組員の健康を維持して品行方正にさせること。

これはよく守られていた。外国の港に入港した際に、新聞などでも艦内の清潔さが紹介されている。また、在トルコのイギリス公使が、トルコ皇帝に、「清輝」を見学してきたことを奏上し、その中で、規律が厳正であることと、艦内各部が清潔であることが、皇帝の耳にも入り、井上艦長以下四名の謁見実現の一つの要因となった。

⑨遅くとも本年十月中旬に帰国すること。

当初は、帰国まで九ヶ月と指示されていたが、井上艦長は、フランスのマルセイユ滞在時（六月一日）に二件の計画変更を本国に上申した。

一つは、航海期間の延長である。出航から五ヶ月を過ぎ、ようやくフランスに着いたところで、そこから、イギリスへ行って折り返して、帰国の途へ着くには、残り四ヶ月では足らないというものであった。

もう一つはドイツへの陸行での旅行の願いである。ドイツは、イギリス・フランスとは風俗も異なりこれを研修する必要性があること、さらにクルップ砲（「清輝」の搭載砲のひとつ）を製造するクルップ社があるので、これを研修したいというものであった。

この上申はいずれも承認され、航海期間は一年三ヶ月に延長となった。マルセイユ以降「清輝」は、スペイン、ポルトガルを訪問、イギリスで折り返して、復路ではトルコを訪問するなどし、変更された計画のとおり、横浜出航から一年三ヶ月後の明治十二年四月、横浜に帰還した。

ドイツへの陸行による旅行は、復路となる九月、フランスのツーロンで艦の修理のために、約一ヶ月間停泊した際に実施された。研修旅行に出たのは、井上艦長と高田中秘書の二名であり、ドイツへ数週間旅行し、上申したとおりクルップ社を研修した。

期間が延長されたことから、航海に関わる費用も不足となり、イギリスから六、〇〇〇ポンドを借用することも併せて願い出、これも了承された。

当時のヨーロッパ情勢

ここで、「清輝」が航海に出発したときの世界情勢についても確認しておく。前年にロシアとトルコの間で戦争が勃発した（露土戦争：一八七七年四月から一八七八年三月）。開戦直後、イギリスは大国の威信から、この戦争に介入するか否かを国内で論議し続けるのだが、具体的な行動はとられなかった。しかし、七七年六月にロシア軍がドナウ河を渡り、コンスタンチノーブル（今のイスタンブール）を占領する可能性が高まったことで、七月イギリスはようやく方針を決定した。それはマルタ島に兵士三千人を増派し、ロシアがコンスタンチノーブルを長期にわたって占領することになるようなら、対露戦争も辞さないというものであった。しかしイギリスは介入することなく、七八年三月サン・ステファノ条約により露土戦争は休戦となった。この条約で、ロシアは多大な領土を手にした。これに対して、イギリスは艦隊を地中海と黒海をつなぐダルダネル海峡に駐留させロシア艦隊を牽制、ロシアはコンスタンチノーブルに艦隊を進出させた。

「清輝」のヨーロッパへの航海は、そのような情勢の下で実施された。このため、各寄港地からの報告書には、ヨーロッパ情勢も含まれていた。本書では割愛したが、ロシアとトルコの情勢、イギリスの方針など、寄港地の外国軍艦から積極的に情報収集していたことがわかる。

次章からは、「清輝」による一年三ヶ月のヨーロッパ航海について、「清輝」からの報告書を基に順を追って紹介してみたい。百四十年前のヨーロッパ、そして、そこに到るまでの寄港地でのエピソードを、明治時代に生きた軍人の目を通して見てみたいと思う。

第五章❖日本出航からイギリスまでの航海

横浜出航

「清輝」は、一八七八（明治十一）年一月十七日午後二時四十五分、遠洋練習航海に向かう軍艦「筑波」とともに横浜を出航した。このとき二隻は、軍艦「春日」によって見送られた。「春日」には、海軍大輔の川村純義海軍中将、海軍兵学校長の中牟田倉之助海軍少将などが乗艦していた。

この航海について、海軍省から示されたのは、行動の大綱であり、細部については、艦長である井上中佐の裁量に一任された。

同時に出航した「筑波」は、海軍兵学校生徒の実習を目的とした遠洋練習航海であり、オーストラリアへの航海であった。

横浜を出て三十分も随伴したころ、今で言う浦賀水道を南下する航路に入るあたり。

「見送りは、ここまででよいだろう。松村大佐、井上中佐二人とも無事で帰ってこいよ」

川村はそうつぶやいた。そして「春日」は反転し、港へと戻った。

出航から一時間後、「清輝」とその後方にいた「筑波」は距離が開き、別行動となった。

「松村大佐、お元気で、ご安航を祈ります」

井上は離れていく「筑波」を見ながらそうつぶやいた。

「さて、いざヨーロッパへと言うところだが、この強風では、帆走での西向きの航海はとても無理だな。副長、避泊するのにどこか適当なところはないか」

井上がもっとも信頼するのは、イギリス軍艦で五年間の留学を経験した副長の伊月であった。

「艦長、陸岸沿いに南下して、金田湾あたりで投錨しましょう」

「よし、金田湾にむかう」

「清輝」は、三時間ほど南下して、久里浜沖を過ぎ、日没前に、三浦海岸が見通せる金田湾に投錨した。

「ここでしばらく、風が弱まるのを待とう。出航できるようだったら夜中でもかまわないので起こしてくれ」

そう副長に指示して、井上は艦長室に入った。

風が収まってきたのは、夜半になってからだった。

「副長、風が収まってきました。出航可能です」と当直士官の報告を受け、伊月は艦長室へ向かった。

「艦長、出航準備にかかります」

「了解」

日付が変って、十八日午前一時、「清輝」は金田湾を出航し、南下の針路をとり、三浦半島をかわしたところで、右へ舵をとり、長崎へ向けて、西向きの針路とした。しかし、西からの風はまだ強く、船が進まない。

「だめだ、これでは帆走はできない。下田港へ向かう。角田航海長、下田への針路とせよ」と井上は指示した。角田は「雲揚」時代からの部下で、江華島事件、西南戦争をともに戦った。

下田港は、関西方面から東京湾へ入る船にとっての避泊地として重宝される港だった。午前十一時に下田港に投錨し、ここで再度、風が収まるのを待った。

翌十九日午後十一時半に下田を出航し、ようやく長崎へ向けての航海が始まった。

救難信号に応えて軍医を派遣

長崎へと向かう途中の、一月二十二日、日向沖航行中、

「当直士官、前方の商船が国際信号旗『ＦＣＢ』を掲げていまーす」

見張りからの報告を聞いて、当直士官は国際信号書のページをめくった。明治十一年、軍艦が国際信号書を軍艦に備えて置くのは必須であった。

「ＦＣＢの意味は『汝ハ医者ヲ有スルカ』か。どうやら病人か怪我人がいるみたいだな。商船の名前は『メードアリアン』、イギリス船籍のようだ」

※国際信号書は、何度と改正をされているので、現在の国際信号書と必ずしも同じではない。現在の国際信号書では、医療に関する信号は「Ｍ」から始まる。

当直士官は、艦長に報告ののち、速力を少し減じ、信号員に指示して「ＹＥＳ」を意味する信号旗を掲げさせた。すると「メードアリアン」は、「汝ノ医者ハ船内ニ来ルテ有リカ」（ＦＣＤ）信号旗を掲げた。これは医者の移乗を要請する信号である。

「当直士官、船を停止させよ。加賀美大軍医と加治木軍医補を端艇で『メードアリアン』に移乗させる」

ブリッジに登った井上は、そう指示した。西洋医学の先駆的存在で、西南戦争にも従軍した加賀美もまた、井上にとって頼りになる存在であった。

「加賀美大軍医、よろしく頼む」

そう言って、井上は二人の軍医を送り出した。

「メードアリアン」は、上海にあるイギリスの会社の持ち船で、一月十七日に神戸を出発し、中国の福州に向かう途中であった。二十日、船内でイギリス人乗組員ブラシュが、同じく乗組員の黒人奴隷バチューに刃物で襲われた。ブラシュは腕に数ヵ所の重い刀傷を負い、九死に一生の状態であった。そこに運良く「清輝」が近傍を通りがかった。船長は、負傷したブラシュに治療を受けさせるために医者の助けを要請した。

「清輝」から移乗した二人の軍医は、傷所を洗浄し、懇切に治療を加え、さらに医薬品を与え、今後の養生の方法を指示した上で、治療を終え「清輝」に帰艦した。

この件は、長崎に停泊した際、「清輝」から電信によって簡潔な報告が海軍省になされ、細部については、香港停泊中にそれまでの航海の状況と合わせて報告された。一方で医者の支援を受けた「メードアリアン」からの報告（感謝の意）が、在北京のイギリス公使代理を経由して、在日イギリス公使に伝えられた。そして、当該公使から外務卿寺島宗則あてに感謝の書簡が送られたことで、中央政府の知るところとなった。
日本海軍は、当時の国際的な船の慣行についても、適切な措置がとれる知識と技量をもって

英国公使パークスから寺島外務卿にあてた謝辞（当時の訳文を読みやすく著者が修正）

一月二十二日英国両檣船（注：二本マストの船）メードアリアン号が、日向近海に於いて外科医の補助を必要としていたとき、幸いにも貴国軍艦「清輝」に出遭い、すぐに当該船より信号を以て、その旨を依頼したところ、同艦長より早速応答があり、御厚情を以て外科医並びにその補助者の二名を当該船へ送られ、患者の傷所に縛帯を施し、所要の手当の仕方まで御教示してくれた。このことは、三月十三日付けで在北京英国代理公使より通知があったので、これを書簡にした。就ては貴国軍艦「清輝」艦長より右の様に御親切に補助を受けたこと、拙者深く閣下へ御礼申し上げる。機を失うことなく我国人の患者を御救助してくれた件につき、拙者の謝辞を海軍大輔へ閣下より御通達してくれるようお願いする。

東京　一八七八年四月十六日

英国公使　ハルリー・エス・パークス

外務卿寺島宗則　閣下

いたのである。

香港への途中で艦長用の端艇が流される

一月二十四日長崎に入港し、石炭、真水、食料品などの諸搭載を実施した後、二十六日に出航した。「清輝」はここでも悪天候の影響を受けた。悪天候を避けるために、一旦長崎港口まで引き返して、二十七日は長崎港口に碇泊、二日後の二十九日になってようやく、香港に向けて出航となった。

天候は荒れ模様で、二十九日の午後四時半に宮古島を見て、艦の位置の確認をした後は、太陽、星が見えなかったので艦の位置を把握できず、不安な航海が続いた。翌三十日は、風浪が激しく、「清輝」の船体は三十二度まで傾き、数回にわたって激浪が甲板を洗った。

「当直士官、艦長用の端艇が流されました」

午後五時三十分、見張りが叫んだ。

「やられたか。艦長が心配していたとおりだ」

見張りから報告を聞いた当直士官は、建造中から艦長が、端艇を艦上に釣っているダビットの位置が低すぎると言っていたことを思い出した。流失したのは端艇だけではなく、オール六本、ボートフック二本、舟の縁でオールを支えるためのクラッチなどの付属品なども一緒に流されてしまった。

香港に入港後に、「清輝」が提出した東海鎮守府司令長官あての流失報告のなかで、流失の原因が、端艇を艦上に釣っているダビットの位置が低すぎることだと井上艦長は指摘した。そして、今後はもっと高い位置に取り付けることを建造の際に考慮するように、との意見具申を付け加えることを忘れなかった。

「清輝」は、太陽、星が見えないまま航海を続け、二月一日となった。艦の大体の位置は推測で把握してはいたものの、太陽、星、陸地が全く見えないので正確な位置を把握できず、非常に心配なところであった。

「推測位置からは、そろそろ陸地が見えてもいいころじゃないか。測量士、いったい本艦はどこにいるんだ」

井上は、三浦少尉補、関少尉補に向かってやや心配そうな顔で聞いた。

三浦と関、水路局で測量術を勉強していた二人である。机上での知識はあっても実地経験が足らないことから、軍艦での実習に出されていたところを呼び戻されて、「清輝」の海外派遣を支援するために乗ってきた。ここで、これまでの知識が机上だけで、実地に役立たないと思われてはならない。

海面を見ていた三浦は、西の方から流れてくる海の色が変わってきたことに気付いた。

「そうだ、西の方から流れてくる海水の色に水色が強くなってきたということは、これは大きな川から流れ出た水じゃないか」

それを聞いた関はすぐに海図台に被りついた。

「現在午後三時、このあたりにいるとすれば、中国大陸福州の閩江《ミンチャン》が一番近いな」

「水深を測ってみよう」

航海長の角田中尉が提案した。水深を測った結果、推定位置の海図上の水深と一致した。

「艦の位置はこのあたりだ。もうすぐ右側に陸岸が見えるはずだ。当直士官、見張りに指示してくれ」

予想どおり、午後四時半になって、右側の遥か遠くに山を発見した。これで、ようやく艦の位置を測ることができ、これまでの推測上の位置は正しかったことが判明した。

「測量士、よくやった。さすが水路局の柳大佐が自信をもって送り出した二人だ」と井上は、三浦と関を褒めた。

水路局から応援のため乗艦した三浦少尉補、関少尉補は、まさにその特技を発揮し、「清輝」の安全な航海に貢献していた。

イギリス領香港で端艇を入手

長崎を出航してから五日後の二月三日、海外最初の港となる香港に入港した。

入港時は、礼砲を交わし、碇泊したならば、すぐに碇泊中の艦船、陸上の統治機構や軍の司令部などに表敬訪問するのが礼儀である。

「副長、もう日が暮れる。礼砲と表敬は明日にしよう」

「はい、そうしましょう」と副長は応え、「礼砲は明朝に実施する。別れ」

伊月は礼砲発射のために待機していた砲操作員らを解散させた。

明けて翌四日午前九時、「清輝」はイギリス国家に対し二十一発の礼砲を放った。直ちに陸上砲台から応砲があった。そして、碇泊中のイギリス艦船の先任指揮官であるフィリア海軍中将に対して十五発の礼砲を放った。フィリア中将座乗の旗艦オーデシアスから、直ちに応砲があった。その後在港のアメリカ海軍の先任指揮官パテルソン海軍少将に対して、十三発の礼砲を放った。これも直ちに応砲があった。

※礼砲は、音のみの空砲を発射するもので、その発射数は国際的な慣例に基づいている。国家及び国家元首に対しては二十一発、首相に対しては十九発、その他階級等により十七、十五、十三発と奇数を基本に定められている。入港する軍艦から礼砲が発射されれば、それに応える形で、応砲が同じ数だけ発射される。多くの港で、「清輝」入港時は礼砲の交換がなされていたことが報告書には記載されているが、本書では、最初の香港での礼砲発射のみ紹介し、その他の港については、特異なことがない限り省略する。

当時の香港はイギリスの植民地で、植民地総督を置いて統治されていた。イギリスは、陸軍歩兵一個連隊と一個砲隊を常駐させ、海軍から常時四、五隻の軍艦を碇泊させ防衛していた。港内には、「ビクトリア・エマニエル（Victor Emmanuel）」という名の三層甲板の軍艦が碇泊しており、この船は、この港の先任指揮官ワトソン海軍准将の座乗する旗艦であった。彼は造船所所長を兼任しており、イギリス海軍アジア艦隊の提督が在港していないときは、このワトソン准将が港内に在泊する軍艦の指揮権をもっていた。

「平野小主計、このまま艦長用の端艇なしでは、支障があるぞ。なんとかならんか」

副長の伊月は、香港までの航海中に流失してしまった端艇の代わりを入手できないか、イギリス本国の造船所に留学経験のある平野為信にそう告げた。

「承知しました。この港の旗艦に行って入手できないか聞いてきます」

そう言って、二月八日、平野は造船所所長を兼ねているワトソン准将の乗艦するビクトリア・エマニエルを訪問した。当該艦では、日本から来た軍艦の主計士官に対して、親切にその入手方法を教えてくれた。それは、規定に則り造船所に書類で請求することであった。
※外国の艦船であっても必要な費用を支払いさえすれば、軍用品を購入できる体制がこの時代に確立されていたことは驚きであり、世界的に勢力を広げていたイギリス海軍だからこそと言えよう。
平野は、所長に会ってはどうかと勧められた。日本の軍艦はとても珍しい存在だったので、所長も日本の海軍士官に会ってみたかったようだ。

「サー、私は、日本海軍軍艦『清輝』の主計担当士官の平野少尉です。本艦は、香港まで来る航海で荒天に遭い、艦長用の端艇を流失してしまいました。このため私は、端艇を一隻とオールなどの付属の品を調達せよという命を受けて来ました」

平野は流暢な英語で、事の次第をワトソン准将に話した。

「よく来てくれた。端艇の件はなんとかしよう。日本から来たという軍艦『清輝』を私も見てみたいのだが、明日訪問しても差し支えないかな」

ワトソン准将はとても紳士的にそう告げた。平野は、直立不動で「お待ちしています」と答えたのだった。

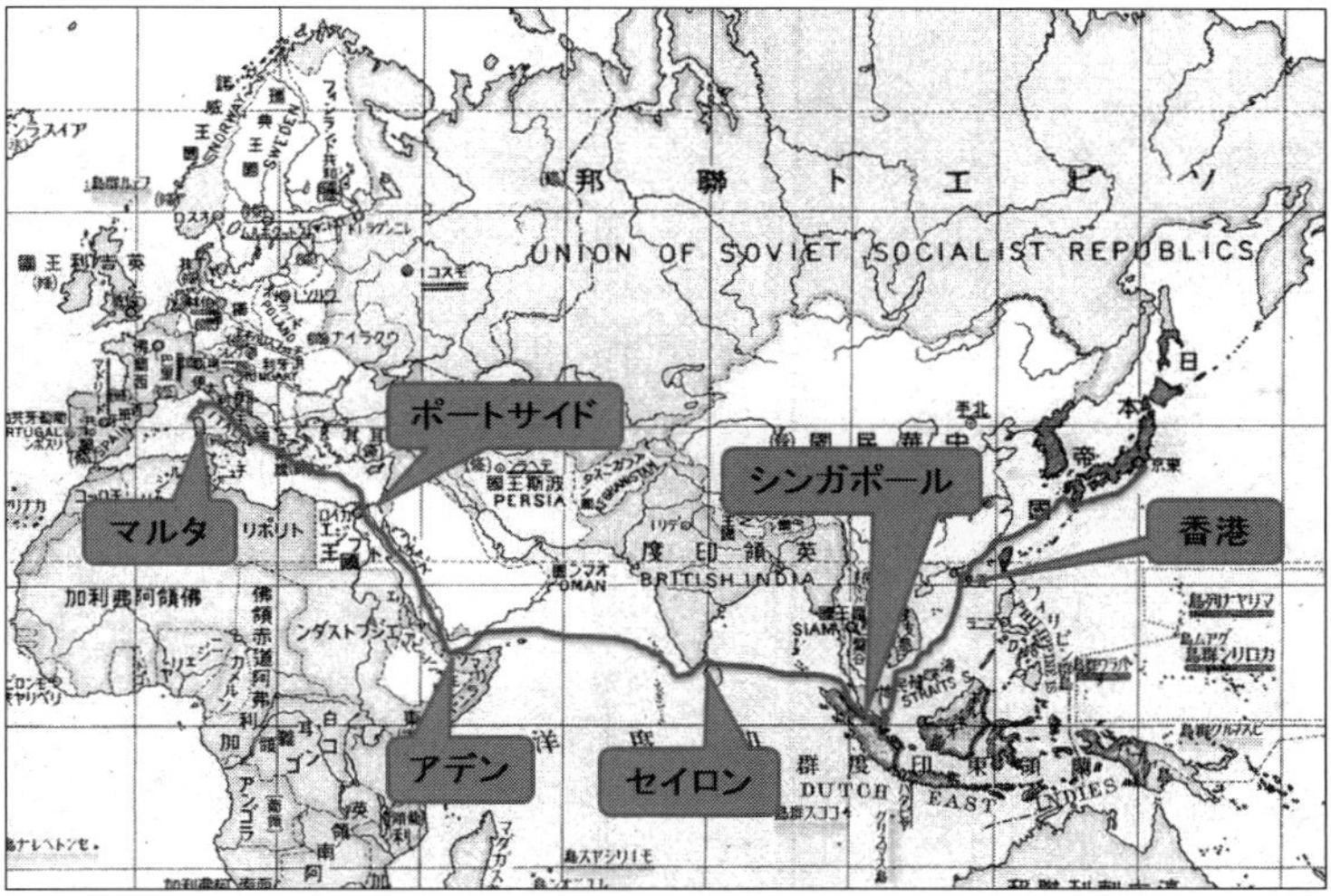

「清輝」のたどった経路（日本からマルタまで）

翌九日午前中に、平野は、ビクトリア・エマニエルで教えてもらった手続きに則り、造船所長あての書簡を作成し、これを造船所に送って正式に購入を依頼した。

所長のワトソン准将は、この日午前十一時、艦長に会うため「清輝」を訪れた。ワトソン准将は、井上艦長との挨拶のあと、こう告げた。

「ご希望の端艇を最速で貴艦に渡すための手筈は整っているので、ご安心ください」

言葉通り、その日の午後、「清輝」は端艇一艘と必要な付属品を受け取ることができた。

造船所、会計業務に長けている平野の動きは素早く、最初の海外の寄港地であるにもかかわらず、期待どおりの働きであった。

「清輝」は、現地の状況などについても詳細な報告書を日本に送った。これは、後日所用で日本の軍艦が寄港する際に事前の知識として有用であろうという井上の思いから書かれたものであった。その報告書から当時の香港の状況を見てみよう。当時のイギリスに統治されていた中国人の姿が痛々しく記載されている。

イギリス領である中国の香港は、ビクトリア島という名の小高い山が一つあるだけの島で、西北西におよそ十七キロメートル、南東におよそ四キロメートルである。島の中央小高い山に地産の樹木はなく、繁茂している植物の多くは他から持って来て植えたものである。この地の緯度は熱帯の中にあって気候は暑く、本艦が在港していた二月の頃に於いても正午は摂氏十七度程度であった。

当地人口はおおよそ十五万人で、その過半数は中国人である。西洋人の数だけを数えると、英国人はその過半数を占める。外国人の中国人に対する態度は、奴隷を扱うかのようである。

香港では、食品或いはその他船用諸品などほとんど入手することができ、蒸気機関用の清水の供給も可能であった。果実などは、初めて見るものが並んでいた。在泊時は、エグオレンジとレッドオレンジが蜜柑の美味なものだった。

また、香港では、イギリス海軍との交流が多く実施された。その中の一つ、「清輝」の士官たちは、現地イギリス海軍の士官から海軍ボールというパーティに招待された。それは、各国の軍人（士官）も招いてのダンスとディナーの催しだった。パーティには井上艦長の他十名の士官らが参加した。

午後六時、井上と士官たちは、海軍ボールの会場であるシティ・ホールに向うために端艇に乗って艦を出発した。艦長用の端艇には井上だけが乗艇し、他の士官より先に波止場に到着した。井上は、他の士官たちと一緒に行くのが良いだろうと考え、すぐには上陸せずに、しばらく端艇内で待っていた。

「艦長、すぐに梯子を持って行きます」という声が遠くから聞こえた。

「どうやら、上陸するのに、梯子がなくて困っていると思われたみたいだな」と井上は思った。

声の主はイギリス海軍の中佐で、わざわざ走ってきて、端艇と岸壁の間に梯子を掛け、井上を波止場へと迎えてくれた。

「あなたは日本の軍艦『清輝』の艦長ですね。私はイギリス海軍軍艦『オーデシアス』の航海長ジョンソン中佐です。香港入港時に我が艦に訪問された際にお会いしました。ようこそ海軍ボールへ。会場へご案内します」

と言い、他の士官の到着を待ってパーティ会場のシティ・ホールまで一行を案内してくれた。

シティ・ホールに着くと、まず入口に物品預かり所があって、数名の海兵が担当していた。各自が預けた品には番号を附し、合い札を渡すという、今ではあたりまえのことであるが、当時、井上にとっては初めてのことだった。

「荷物がなくならないように、よく工夫している。さすがは紳士の国イギリスだ」

井上らは、シティ・ホール内を案内され、娯楽室、喫茶室なども見学したのちにダンス会場である大ホールに案内された。

午後九時三十分ごろになって、演奏とダンスが始まった。一回のダンスは十五分間くらいで、躍りを休む間、イギリス海軍の士官が来て、「清輝」の士官たちに酒を勧めた。

十曲ぐらい踊ったところでダンスはいったん休止となり、参加者らは三回に分けての晩餐となった。第一回目は女性、第二回目は陸上部隊と機関の諸官、そして最後に海軍士官という順であった。しかし、井上を含め「清輝」の士官たちには、イギリス海軍の士官が気を使ってうまく席を取ってくれ、井上は一回目に、他の士官たちは二回目に喫食した。

ここで井上がダンスを踊ったかどうかは、不明である。しかしイギリスに留学経験のある、伊月、伊地知、平野はそれなりに楽しんだであろう。

深夜になって、海軍ボールはお開きとなった。シティ・ホールを後にして、帰りの端艇が待つ波止場に向かう道で、井上は副長の伊月に話しかけた。

「副長、イギリス海軍の士官らのもてなしは、実に懇切で、至れり尽くせりだったね」

「全くです。フランスやアメリカ海軍の士官に対する接待は、普通の交わり程度でした。でも我々に対する接待は、本当に懇切なものでした」と副長は応えた。

「日本人は東洋からの珍客と映ったのでしょうね」と伊地知が口をはさんだ。

そして、井上は「フランスやアメリカの士官達を横目で見つつ、ちょっと、鼻が高くなった感じかな」とつぶやいた。

「これからの航海の先々に於いては、どのような交流ができるのか楽しみだね」と井上は伊月にそう言った。
海軍ボールに参加した士官たちが艦に戻ったとき、時計は午前三時を回っていた。

シンガポールへ向かう航海日誌から

「清輝」は、二月十日香港を出航し、シンガポールへ向かった。約一週間の航海であるが、報告書から三日分を抜粋して、ほぼ原文のまま紹介して、航海の状況を眺めてみたい。

二月十日　曇　日曜日　正午　香港出艦
今暁出艦ノ積リナリシカ天気悪敷風甚ダシキヲ以テ一時見合セシニ正午頃ヨリ天晴レ当港着艦以来初メテノ快晴トナル依テ午後三時五十分揚錨ス南微風吹　是当時ノ流行風ニ非ス午後五時十分「シーゾンク」岬ヲ北北東微東ニ見ル此時「アルベテン」造船所ト「ブールダ」岬直線ニナル
同六時針路南南西此時「ソンチャン」島北端ヲ西四分ノ三北ニ見ル
但シ該島ハ北岸一マイル乃至半マイル洋ニ当ツテ「アハレ」ト云フ小島アリ遙カニ望メハ水面ヲ抜クコト三尺或二尺位ニ想像セリ暗夜此海ヲ航スルモノ宜シク注意スベシ
同七時針路南西微西　同九時針路南西四分ノ三南　此時「パンテントロフ」を流ス
同十一時頃ヨリ瘴霧濃密ナリ
出航時は強風が吹いていたが、それが当地の流行風ではない（季節・場所的にいつも吹いてい

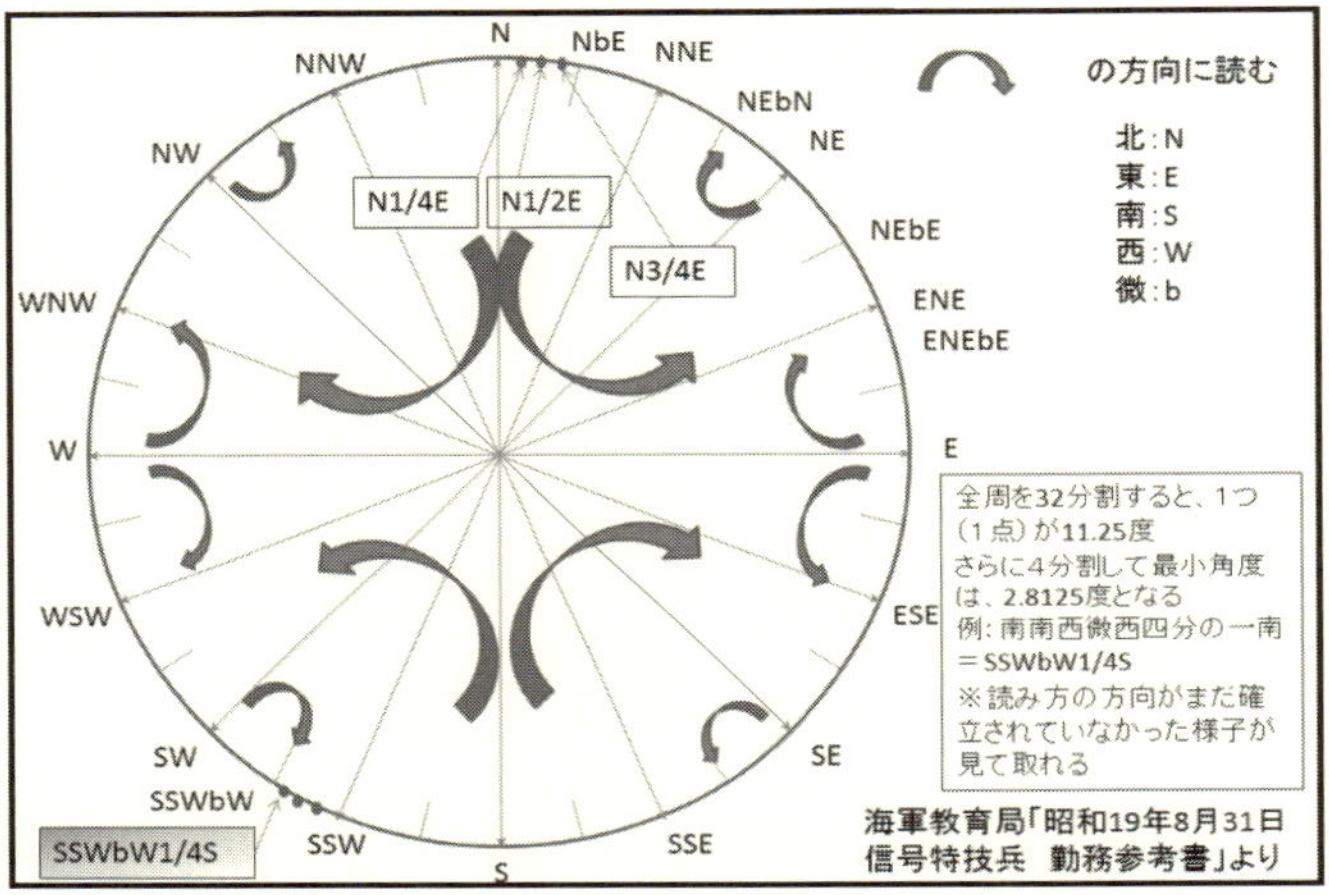

磁気羅針儀の方位の表現法

全周を90度に分割して四方点（東、西、南、北）、さらに分割して45度の四方点（北東、南東、南西、北西）、さらに22.5度に分割して四隅点（北北東、南南西など）、さらに11.25度の接首点に分割すると、全周が32点に分割される。さらにそれを４分割した四分点（2.8125度）が最小単位とされていた。たとえば北北東微東は33.75度、西四分ノ三北は278.4375度となる。方位の読み方は、昭和期の参考書（上図）では、どちら向きに読むかが定められているが、明治11年ごろは、必ずしもそのとおりではなかったようである。

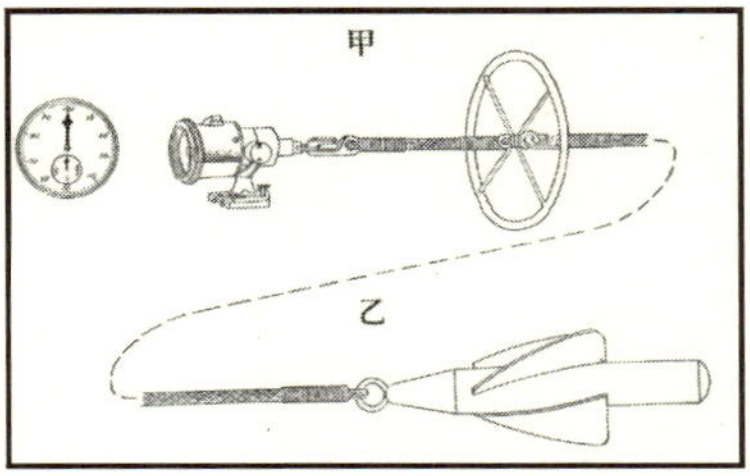

パテントロフの原理

乙の推進器を細索の端に付け、走る船の後ろから延ばして止めると、推進器は水車のように回転し、これが索に伝わり最後に甲に示す指針を回転させる。その回転指数を計測することで、進んだ距離がわかる。もしくは時計を併用することで速力が算出できる。

るわけではない）ことが書かれている。さらに「アハレ」という小島があり、暗夜には注意するように記している。このような注釈は、その後、この港に入る船、若しくは、付近を航行する際に有用な情報となる。航海中の報告には、こういった注意事項が多く書かれている。

二月十一日　曇　月曜日　正午　六十三度　航海香港ヨリ至新嘉坡
正午艦ノ所在推測北緯十八度二十五分十五秒　東経百十度二十六分三十秒　患者二名
午前五時頃ヨリ瘴霧少シ減ス水平線明了ナリ
午前六時「パテントロフ」ヲ験ス　七十七里ヲ航ス
午前七時三十五分「スクエールセール」ヲ張ル
正午「パテントロフ」ヲ験ス　五十五里ヲ示ス
午後六時「パテントロフ」ヲ験ス　五十五里半
午後十時　雲間ニ偶星辰ヲ見ル
正子「パテントロフ」ヲ験ス　五十六里半

「パテントロフ」とは、進んだ距離を測るための測程儀である。これを船尾に流して、たびたびこれを引き上げて進んだ距離を測定した。「偶星辰」は、ふたご座のことである。

二月十四日　晴　木曜日　正午　八十六度　航海香港ヨリ至新嘉坡

正午艦之所在実測　北緯八度五十二分三十五秒　東経百九度十五分十八秒　患者ナシ
午後一時針路南南西微西四分一西
六時「パテントロフ」ヲ験ス四十七里四分ノ三
六時針路南西微西四分ノ一西　十時風候北
正子「パテントロフ」五十里四分ノ三
暑ノ甚タシキヲ以テ昨日ヨリ水火夫ニ「レモン」水ヲ給ス
水兵一日一回火夫一日二回

暑さが厳しいためにレモン水を供給している。水兵は甲板上で、航海に関わる作業にあたり、火夫は機関を受け持つ兵である。機関は蒸気を使用するので、機械室は異常な暑さとなるため、レモン水も水兵より多く支給されていた。

イギリス領シンガポールに入港

二月十七日にシンガポールに入港した。ここも香港同様イギリスの統治下にあった。井上艦長は、入港後ただちに植民地総督のもとに、伊地知中尉と高田中秘書を行かせた。寄港地に入港次第、その港の責任ある人を訪問するのは慣例であり、それは英語に堪能な伊地知と高田の役目だった。総督は不在であったので、二人は秘書官のダグラス氏に面会した。

現地のイギリス軍との交流は、香港ほどではなく、このダグラスとの交流のみであった。ダグラスからは、厚い接遇を受けた。彼は、翌十八日「清輝」を訪問、その翌日十九日には、自ら馬車で「清輝」まで迎えに来て、井上と伊地知が自宅へ招待され饗応を受けた。

シンガポール港は、ヨーロッパと東洋との通商に関し重要な場所であるだけでなく、イギリスにとって軍事上も重要な位置にあった。土地は元来東インドの一部であってマレー人の土地であったが、数十年前からイギリスが植民地として支配するようになり、植民地総督府を置いて、これを支配した。そして、陸軍が歩兵一個連隊と二個砲隊を置き、海軍は、軍艦を二、三隻常駐させて防衛にあたっていた。

港は遠浅で小舟でなければ接岸することはできないため、軍艦は、陸地から三キロメートルほど離れた錨地に停泊していた。この錨地から西へ約八キロメートルのところにニュー・ハーバーと呼ばれる港があった。そこは水深が深いので、船を接岸することができ、石炭搭載所になっていた。

「清輝」は、石炭搭載のため、十九日午前七時四十五分にニュー・ハーバーに移動し、イギリス産の石炭九十六トンを搭載、午後五時二十八分にもとの停泊地に戻った。石炭搭載は丸一日を必要とする作業であった。シンガポール寄港は、石炭搭載が大きな目的で、出航前の計画では、シンガポールでの搭載予定は、百三十二トンであったが、帆走を重視して、石炭の節約に努めた結果、搭載量は九十六トンで済んだ。

シンガポール港とニュー・ハーバー間には、ドックがあり、数隻の船舶がそこで修理をしていた。入渠できる船は喫水四・五四メートルまでで、「清輝」の喫水からは入渠可能であることから、復路における修理の際に利用することとなった。
シンガポールの街の様子について、日本と比較して報告されている。

陸上には数輌の雇いの馬車が列をなして停車して、道行く人達に乗車することを勧めている。馬車はだいたい一頭の馬によって引かれ、馬を覆う装いや馬具などは美しいものが多く、東京の千里軒の粗末な飾りの比ではない。

※千里軒とは、一八七四年から、浅草〜新橋間で乗合馬車営業を開始した会社のことである。
また珍しい果実としていくつか紹介されている。初めて見たであろう果実を当時はこのように表現したのも興味深い（注：当時の表記のまま）。

パインアップル　　松実の如き外形を為す味美なり
バナナ　芭蕉の実、味美なり
マンガスチン　柿実の如き形にして、色黒し佳味なり
レモン　レモン汁を製する実なり

最後に現地の物価は大体東京の二倍、魚類は非常に少なく二種類のみ、飲み水は入手できるが清水ではない。つまり、蒸気機関用の清水は入手できないということである。また、港から

五キロメートルぐらいのところに動植物園があったようで、熱帯植物と数種の動物が飼育されていて、ともに珍しく、来港したときは一見の価値ありと記されている。

イギリス領コロンボで牢獄を見学

「清輝」は二月二十一日にシンガポールを出航し、三月一日コロンボに到着した。コロンボは、インドの南、セイロン島の南部にある港で、現在のスリランカ民主社会主義共和国の都市である。当時は、イギリスの統治下にあり、植民地総督府が置かれていた。

東洋とヨーロッパを結ぶ航路の中継地点として、イギリスにより整備され、港からキャンディという首府までおおよそ百三十キロメートルの間は、鉄道が敷かれ、列車が一日二回往復していた。その他近傍の都市にも鉄道の便があり、港内の道路は修繕がよく行き届いていた。イギリス海軍の艦隊は、主にトリンコマリ（セイロン島の東海岸北部にある港）を常駐の碇泊地としていたので、コロンボに来るのは稀であった。

コロンボでは、現地の名士クムラスワシー氏が、大変親切にしてくれた。クムラスワシーは、現地の裕福な家の出身で、イギリスのケンブリッジ大学に留学、その後ヨーロッパ諸国を回り、イギリス人女性と結婚して、コロンボに戻り、立法府議員を務めていた。イギリス女王から爵位を受けており、ヨーロッパ人の風格があり、学識、思考ともに高く、イギリス人支配とそれに対して束縛されることに抗うこともできない無気力な現地の人たちのふがいなさを憂う人だった。

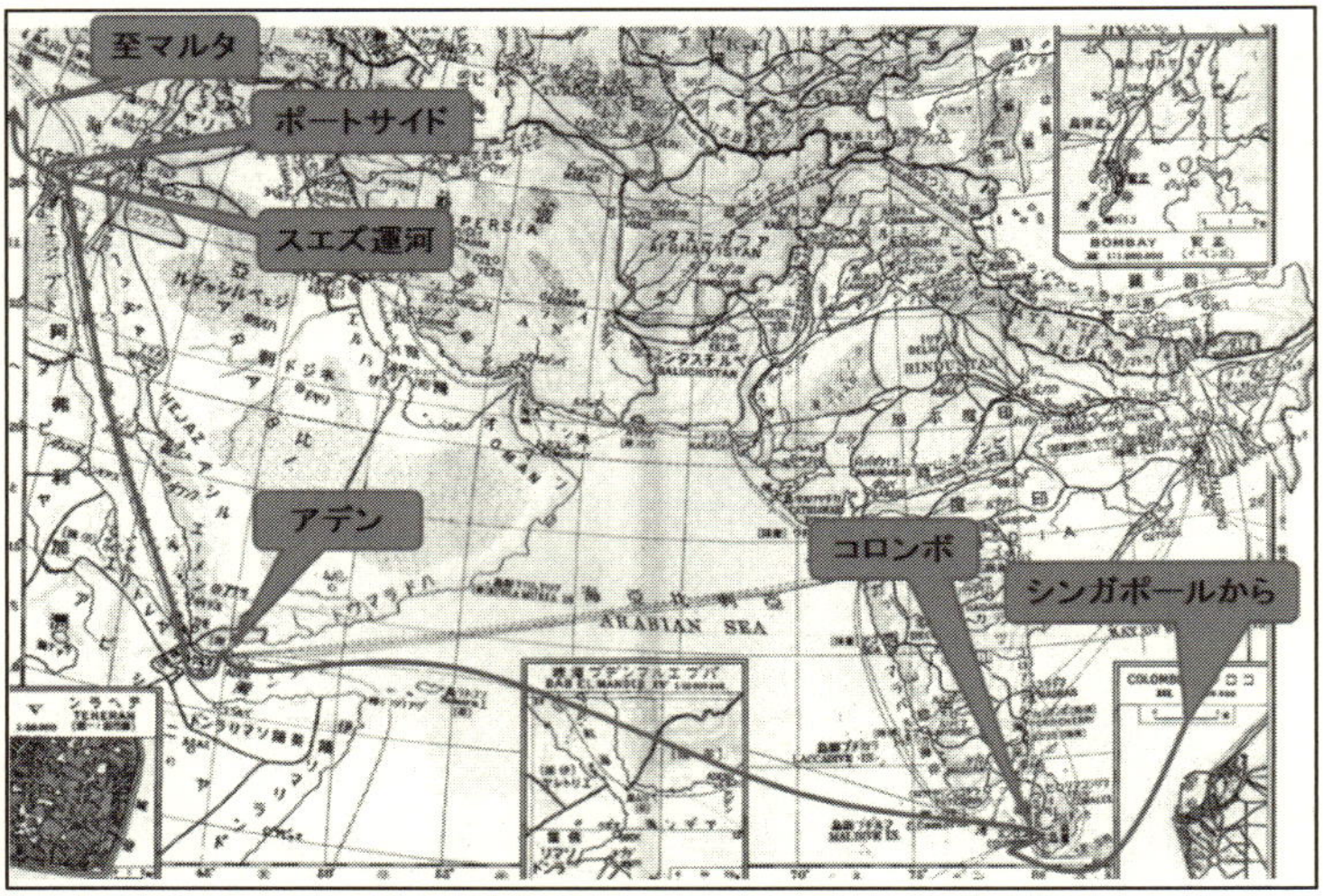

「清輝」のたどった経路(コロンボからスエズ運河まで)

クムラスワシーは、「清輝」の入港が掲載された新聞記事を読んで、日本の発展を驚き、早速「清輝」を見学に来た。そこで艦長や士官たちを前に熱く語った。

「日本で建造された軍艦を全て日本人によってヨーロッパ諸国を航海するという日本の発展は素晴らしい。私は大変感動しました。この航海はアジア人民の名誉を輝かし、アジアの発展をヨーロッパに主張する大きな基礎となるものです。日本はアジア人民の開明の先導となってもらいたい。」と褒め称えた。

クムラスワシーは翌日も来艦した。この日艦長は不在で、「清輝」を去るときに、「副長殿、士官二、三名を自宅へ招待し、晩餐したいのですが、いかがでしょうか」と要望した。そこで副長の伊月は、「角田は英語に堪能ではないが、平野と一緒であればなんとかなるだろう。士官は皆忙しく三人は行かせるのは

無理だな」という思惑から、

「角田中尉と平野小主計、二人でクムラスワシー氏の招待に応じて、一緒に出かけてくれ」と指示し、二人を出艦させた。

晩餐が終わって帰艦した二人が言うには、

「質問攻めに遇いました。明治維新の起源、その指導者、現在の政府及び官僚教育の模様、陸海軍の兵制、租税法、歳出入及び人口等のことなど、様々なことを聞かれ、これに答えるばかりでした」

その翌日は井上艦長がクムラスワシーの自宅に招かれた。前日と同じような話題の中で、

「私はいつも、ヨーロッパ人がアジア人を蔑視し、我々を黒人と呼ぶことを大変遺憾に思っている。日本においても、西洋人は君たちを黒人と呼んだりするのか」と井上に質問した。

「我々日本人は、今までそのように言われたことはない」

「それであれば、日本は独立自由国ということだ。我々は西洋人から黒人と呼ばれるのは堪えられない」とクムラスワシーは不満をあらわに述べた。そして、

「この地で見たいところはないか。どこでも望む場所を見せてあげよう」と言った。

「それでは牢獄を見せてはもらえないか」と井上は答えた。

クムラスワシーは、怪訝な顔で「牢獄とはずいぶん妙なところを希望するものだな」と言うと、井上が、「一国の善悪は牢獄を見ればわかるものです」と答えたところ、「至極そのとおりだ」と言って納得した。

※一説によれば、西洋特にアングロサクソン系の国では、一国の事情を知るのに牢獄（刑務所）を見ればよいという考えがあるらしい。そこにいる囚人の数や、囚人に対する施設の状況を見れば、国の治安だけでなく、国家の人権に対する姿勢までもわかるということなのであろう。

そんなわけで、「清輝」の士官たちは、牢獄を見学した。その牢獄の建築は堅牢で大変広く、囚人四百人を収容可能で、構内は清潔にされており運動場、作業所等が置かれていた。運動は直径十二センチメートルほどの鉄丸を運搬することで、作業は椰子実から繊維を取り、それを編んで莚《むしろ》を織ることだった。牢獄は他にもあるが、島の人口三百万人で囚人が約二千人ということであった。

その牢獄の状況を見た井上は、

「囚人の少なさは評価されるべきだな。おそらく政令が行き届いているのであろう。イギリスの統治はうまくできているし、ここの現地人も良民が多いようだ」と感想を述べた。

※「清輝」の寄港は、イギリス植民地における現地の人たちには羨望のまなざしで見られていた部分も多くあり、クムラスワシーのいう「日本はアジア人民の開明の先導」であることを印象付けたものだった。

イギリス領マルタで船体修理、病人の退艦

「清輝」は、三月五日にコロンボを出航し、アデン（十八日入港、出航日不明）を経由、スエズ運河を通峡して地中海へと入った。そして、現在のエジプトにあるポートサイド（四月一日

入港、六日出航）を経て、四月十一日にイギリス領マルタ（現在のマルタ共和国）に到着した。

※この航程の報告は欠落している。「清輝」からの報告がなかったのか、それとも届かなかったのかもしれない。日本の船にとって初めてのスエズ運河通航がどのようなものであったのかを知ることはできないのが残念である。

「清輝」は、マルタのイギリス海軍工廠において修理を受けた。約一週間ドックに入渠しての船体の修理に加えて、機関の修理もあった。

船体については、航海中に艦首に漏水が発生する原因を調査してもらった。その結果、汚物管を船体に通す際、直径五十六センチの穴を開け、穴よりも小さい四十三センチの管を通しておきながら、穴の周囲に何も詰めることなくカバーだけで済ませたことから、激浪によってカバーが破れ漏水したと判明した。

「これは、手抜き工事そのものだ」と海軍工廠の工事担当者は失笑した。

「日本の造船技術の未熟さをイギリスで露呈してしまった」と悔やみつつ、横須賀造船所から応援に来ていた森村扇四郎は気まずい顔でこれに頷いた。

「森村君、この件は、横須賀造船所長宛の報告書に書いておくように」と、井上艦長は森村に指示した。

マルタ島　1950年ごろの写真
（『世界文化地理体系21』平凡社）

他に機関関係の工事として、燃料ポンプの部品や、パイプなどの交換などが行われた。

マルタにおいては、その他に病人の退艦があった。

「倉山少尉補、君の身体で、これ以上の航海は無理だな」

加賀美大軍医は、何度か体調不良で医務室を受診している倉山少尉補を前にそう言った。

「このまま連れて行ってはもらえないのですか」

倉山は泣きそうな顔で加賀美に訴えた。

「病名は肺労症、このまま航海を続けるには無理がある。他の二人の軍医も同じ意見だ」と倉山に告げ、加賀美は艦長と副長に診断結果を報告するため医務室をでた。

「倉山少尉補については、帰国療養を要するというのが我々軍医三人の診断です。このまま彼が航海を続けるのは無理です」と加賀美は報告した。

「副長、倉山が日本へ帰る手段はあるのか」という井上の問いに、

「日本向けの、イギリス籍の郵便船が四月二十七日に出航します。これに乗れば日本に帰ることは可能でしょう」

副長の伊月はそう答えた。

「わかった。倉山は帰国させよう」

井上の最終的な判断によって、倉山の帰国は決定した。

倉山はイギリスの郵便船に乗り、約一ヶ月半の航海ののち六月十一日、無事に帰国した。すぐに海軍病院に入院となり、八月には、鹿児島県に帰郷療養となったが、残念なことに、翌明

治十二年四月死亡した。

この倉山の処置に関しては、応援士官の大軍医加賀美をはじめとする三名の医官の連名による「帰国療養を要する」という診断書が残されている。海外派遣中であっても、病気を発症した場合には、別便で帰国させるという配慮があった。海外派遣中に死亡した場合は、外国の港近くの墓地に葬られるか、水葬とされるのが例であるが、そうなる前に帰国という処置に大きく影響したのは、加賀美の見識であった。

イタリアの港に寄港しながら地中海を西へ

「清輝」は、マルタでの修理を終え、五月四日出航し、同日の午後、イタリアのシチリア島東南部にあるシラクーザに到着した。当港は地中海でも良港とされる港の一つで、イタリアでは最良の港とされていた。

イタリアは一八六〇年に統一国家が成立し、その国名は翌六一年にイタリア王国と決まった。そして一八六六年にヴェネト、一八七〇年にローマを併合して、ほぼ統一が完成された。「清輝」が訪れたのは一八七七年なので、まだ建国十七年の新しい国家であった。このシラクーザ以降は、イタリアの港に入港しながら地中海を北西に進んで行く。シラクーザの次は、イタリア本土との玄関口であるメッシーナ、そしてメッシーナ海峡を抜けて、イタリア半島を北西に進みナポリ、ラ・スペツィア、ジェノバに寄港する。

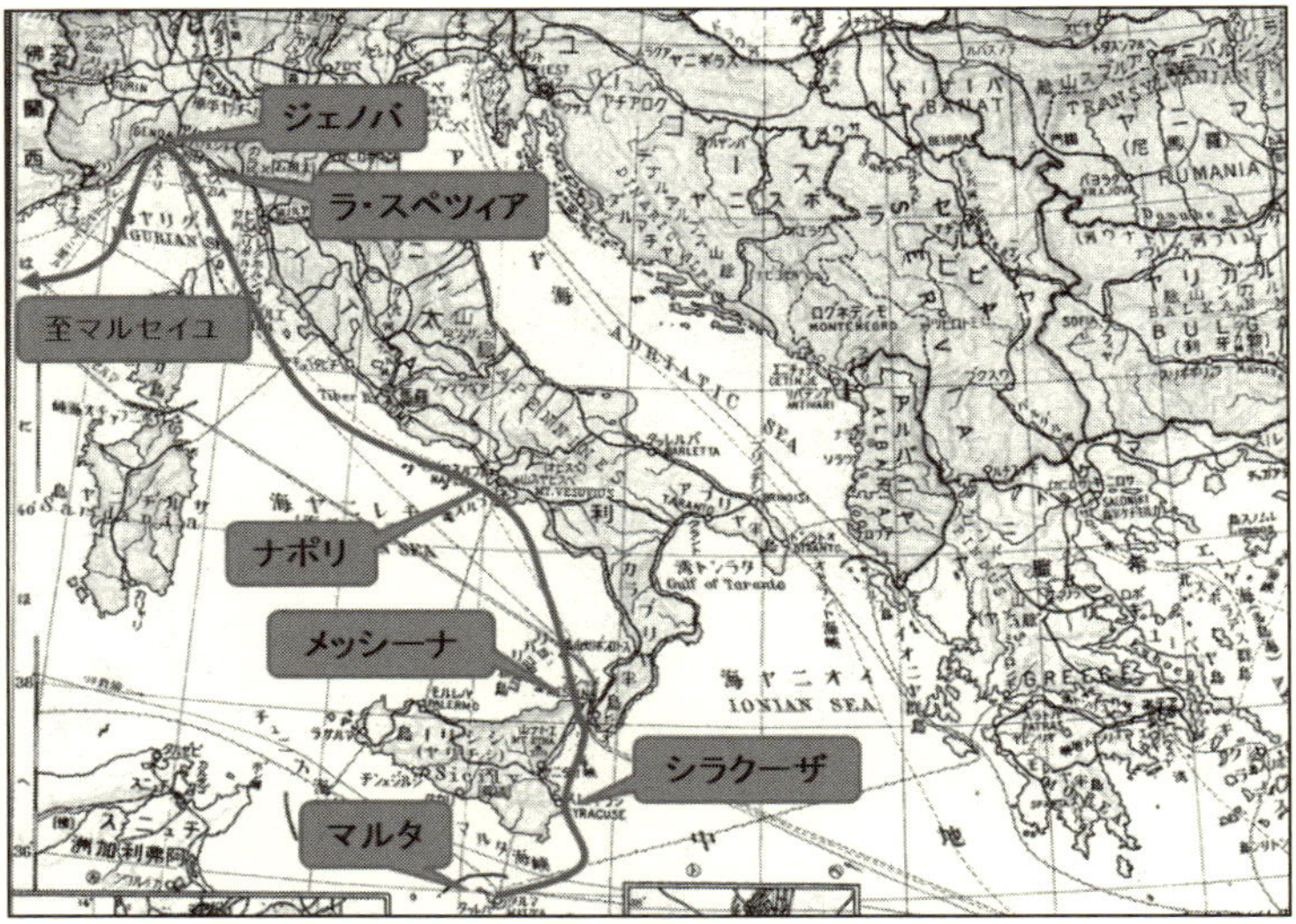

「清輝」のたどった経路（マルタからイタリア各港まで）

シラクーザで遺跡を見学

イタリア最初の寄港地シラクーザは、陸地が日本本土のように、緑樹が多く森になっていて、「清輝」乗組員らは、日本を出航して以来、初めて自然のきれいな景色を楽しむことができた。

報告書には、港から十キロメートル弱の所に、紀元前六百年ごろの旧跡があり、当時の工業、建築など一見の価値ありと書かれている。

これは二〇〇五年に世界遺産に登録されたシラクーザとパンターリカの岩壁墓地遺跡を指している。おそらく「清輝」乗組員は、この旧跡を最初に見学した日本人であったろう。

また、希望する市民に対して、艦内を見学できるように配慮しており、毎日百人以上の見学者があった。皆テーブル掛けの大和錦を見てその繊細さと美しさに驚いていたと記録されている。

メッシーナはイタリア本土への玄関口

「清輝」は五月七日シラクーザを出航し、イタリア本土との玄関口となるメッシーナに入港した。ここは、あまり良いところではなかったらしく、次のような報告が残されている。

市街地は小さいけれども、道路幅は広く清潔であった。家屋建築は壮麗で三階建てから六階建ての建築が多い。しかし横道や小さな路地は清潔とは言えない。小便が道路に流れ出し臭気も甚だしい。市街を歩いていると乞食のような風体の者や、観光案内と偽って外人を何処かに連れて行き、金品を奪おうとするような者が近付いて来ることがとても煩わしい。

シラクーザの旧跡
(『世界文化地理体系21』平凡社)

※メッシーナは、「清輝」が入港してから三十年後の一九〇八年、大地震により、町のほぼすべての建物が倒壊し、さらに高さ二十一メートルもの津波によって約六万人の死者を出した。現在のメッシーナは、これらの被害から再建された都市のため、新しくモダンな印象があるが、「清輝」が寄港した時期は、そうでもなかったようである。

九日午後メッシーナ港を出航し、メッシーナ海峡に入った。

「この海峡の景色は、素晴らしい眺めだ。両側の山々に繁った緑の木々は、まるで日本の瀬戸内海の景色のようだ」

井上艦長は少し興奮気味にブリッジで叫んだ。

ナポリではイタリア海軍に厚遇される

五月十日、「清輝」はナポリに到着した。ナポリでは、在ローマ公使館から田中健三郎一等書記見習いが、支援のために来訪していた。投錨を待って田中は「清輝」へ乗り込み、まず、イタリア及びヨーロッパ諸国の近況を井上艦長に報告した。

「清輝」士官にイタリア語を解する者はいなかったので、ナポリ在泊中、田中は様々な用事を進んで引き受け、適切に「清輝」の碇泊中の諸事を支援した。その働きは非常に有能で、次のように記されている。


当港碇泊中、現地の人たちは大変親切で、また書記田中氏の周旋が行き届いていることから、言葉が通じないにもかかわらず、皆楽しい時を過ごすことができた。

碇泊中には、イタリア海軍から非常に親切な扱いを受け、オペラ観賞の誘い、茶会、晩餐会などに招待された。しかし、時間を取れず断ることも多かった。なぜなら、ナポリ碇泊中に、艦長と高田、そして加賀美他五名の士官は、夜行列車に乗ってローマ観光へ行ったからである。当時からローマは有名な観光地で、一行はバチカン宮殿を見学し、その状況を報告書に載せた。その報告書には、当時の日本人から見たローマの様子が書かれているが、それは割愛し、最後に書かれている感想のみ紹介する。

　この寺院の建築の概略を報告書に記そうとしたが、その建築の高大でかつ華麗なる状況はとても文章で表現できるものではない。ローマの名所旧跡をひととおり見物しようとするには、少なくとも三ヶ月はかかるであろう。

ナポリでも市民に艦内見学を許可した。艦長はローマに出かけて不在であったので、留守の責任は副長の伊月の両肩にかかっていた。その伊月が周到な準備で待ち受けた一般市民への艦内見学は、たいへん好評で、連日見学者が訪れ、最も多い日は、千五百人余りに上った。見学の人々は、「清輝」が日本国内での建造であることと、艦内諸般の用具等が大変きれいに整頓されていることを称賛し、皆満足して帰った。これは「清輝」の艦内規律が非常に良かったことを表しているもので、副長の伊月をはじめとする諸士官の日頃の指導によるところが大きかった。

　イタリア海軍は、様々な面で「清輝」の入港中の活動を支援してくれた。その厚遇に感謝するために、田中は、ナポリ港在勤の先任指揮官で、イタリア艦隊の司令官であるマルチン・フランクリン海軍少将を訪問した。

「司令官、日本の軍艦『清輝』の入港以来、格別親切なる取扱い、誠に感謝いたしております」と田中が謝辞を述べたところ、

司令官は、「当ナポリ港へ日本国の軍艦が入港するのは、『清輝』が初めてである。これから両国間の親睦は一層厚く重なっていくと期待している。『清輝』は日本人のみで渡航してきた。その航海術への熟達の迅速さは、神業のようだと驚いている。私は、あなた方日本人を賞賛します」と述べた。そして、現地にある海軍の学校を見学するように勧めた。

この勧めに応じ、ローマ見物に行かず、艦内での要務に努めていた副長の伊月他三名の士官と通訳として田中が海軍の学校を訪問し、校長並びに諸士官と談笑し、校内をくまなく見せてもらい、さらに校長公館において酒菓の饗応を受け、楽しいひと時を過ごした。

五月十五日ローマ公使館からの電信によって、内務卿の大久保利通が暗殺されたという知らせが届いた。日本時間の五月十四日に暗殺された情報が、翌日には海外派遣中の「清輝」に届いており、伝達の早さは驚きである。

イタリア海軍の基地ラ・スペツィアに入港

五月十七日ナポリを出航した「清輝」は、翌十八日イタリア海軍の主要軍港であるラ・スペツィアに入港した。

ラ・スペツィアは、一八五七年にイタリア海軍の基地がジェノバから移されてきた場所で、

一八七〇年に海軍工廠が建設されたことで、イタリアの主要軍港に発展した。

当時のイタリア海軍は、大小軍艦十隻余りを保有しており、さらに訓練用の軍艦も数隻保有していた。ラ・スペツィアの海軍工廠では、四隻の軍艦が建造中だった。その内二隻は甲鉄艦で同形の姉妹艦である。

ちなみに「清輝」は木造であり、当時日本海軍のもつ甲鉄艦は、「東」の他四隻があった。この年に、イギリスから購入し、日本へ回航の途にある「金剛」、「比叡」、及び「扶桑」の三隻のうち、「扶桑」だけが甲鉄艦であった。甲鉄艦は高価なため、日本海軍にとって木造船は、まだ主流を占めていた。

そして艤装中の甲鉄艦を見学することができた。

「ずいぶん厚い装甲のようだが、どれくらいの厚さがあるのか」と井上は尋ねた。

「この艦の鉄の厚さは五十五センチメートル、艦の重要部を防護しています。その鉄板はフランスから購入したものです」とイタリア造船所に勤務する海軍士官がたどたどしい英語で説明してくれた。

「あの砲塔にはどのような大砲が装備されるのか」と小笠原中尉。

「砲塔は二か所に装備され、それぞれの砲塔には百トンのアームストロング砲二門が装備されます。この砲はイギリスから購入したもので、先日発射試験をしたところ、厚さ五十五センチメートルの鉄を容易に貫く威力でした」

この答に士官たちは驚きの声を上げたのだった。そして、イタリア海軍士官は、

「この造船所は完全に出来上がってはいません。この地は、開発されて日が浅いので市街地もあまり賑やかではありません。住民は造船所に関係あるものが多く、商人等も造船所及び海軍関係を顧客としている者がほとんどです」と、まだ発展途上であることを強調した。

ジェノバの海軍兵学校を見学

「清輝」は、五月二十日午前四時ラ・スペツィアを出航し、同日午前九時四十分、ジェノバに入港した。ジェノバで士官たちは海軍兵学校を見学した。

海軍兵学校は丘の半腹付近、非常に景色の良い場所にあった。そこでは、機械科、算術、歴史科（イギリス、フランス、イタリアの歴史）、図学科（造船図、海図及び雑図など）、剣術、体操、大砲小銃調練、水雷製法及び使用法等様々な教科が教えられていた。

兵学校の校長はラッキャ海軍大佐で、日本に来た経験があった。このためか彼は懇切に校内を案内し、様々なところを見学させてくれた。さらにその他海陸軍士官も「清輝」の士官らに大変親切に待遇してくれたこともあり、井上は、その旨をローマ公使館に報告して謝辞してもらうよう依頼した。

ジェノバは、アメリカ大陸を発見したコロンブスの出身地でもあり、停車場の側に大きな大

ジェノバ港
（『世界文化地理体系21』平凡社）

理石の記念碑があった。

ツーロンからマルセイユへ、フランス人の艦内見学者は連日二百人

五月二十三日、「清輝」はジェノバを出航した。往路におけるイタリア寄港を終え、フランスのツーロンへと向かった。

ツーロンは、フランスでも大きな軍港で、その景色が似ていることから、ヴェルニーが横須賀を気に入り、横須賀造船所の建設を引き受けたと伝えられている。しかし、ツーロンの入港から出航までは報告書が欠落しており、その状況は全くわからない。往路ではマルタで十分な修理ができたことから、修理の必要はなかった。

ツーロンを出航した「清輝」は、マルセイユに五月三十日に入港した。その碇泊中の状況は、フランスの新聞に掲載された。これを日本語に翻訳したものが、本国に送られ、外務省から海軍卿へと報告されており、その一部を紹介する（全文を付録に記す）。

三十一日は、午後一時から四時までの間、艦内の見学が許され、裁判官、弁護士、商人等はあでやかな夫人を伴って訪れた。これは、「清輝」が各々に特別の招待状を差し出してくれたことによるもので、見学者たちは艦内をくまなく見せてもらった。

「清輝」は、日本において日本海軍が建造した非常に珍しい軍艦である。艦長の井上中佐はツーロンから到着した日に、直ちに首都パリへ赴き不在であったので、副長の伊月大

尉が代理となって見学者の接遇をしていた。非常に周到な準備がなされていたのが印象的であった。

艦内を周観したところの感想は、日本の技術の進歩は迅速で、すぐにでもヨーロッパと肩を並べるのではないかと思うばかりである。士官室に入れば、氷で冷やしたシャンパンが天然ガラスのグラスに注がれ、見学者たちに振舞われた。紙巻たばこを出されたが、その味は温和で、色は亜麻色でその筋は繊細であたかも女性の毛髪を束ねたようであった。私（注：新聞記者）は、これを二本とって喫煙しつつ、日本製の陶器、織物などを見学した。

冷やしたシャンパンや紙巻きタバコなど、西洋都市を航海するのに合わせて、調達し準備をしている。西洋諸国と肩を並べているように見せる努力がここに見られる。

マルセイユでは地元の市民との交際等があって、士官らは日々忙しく過ごした。艦内見学者は、連日二百人近くあった。しかし、マルセイユ港に、フランス海軍の軍艦は碇泊していなかったので、海軍同士の交際はできなかった。その分は陸軍士官との交際が行われ、互いに艦船と駐屯地を訪問し、会食、饗応がなされた。

バルセロナ、カルメゼナ、スペイン側に不敬な扱いを受ける

六月四日、「清輝」はフランスのマルセイユを午前九時に出航し、翌五日午前スペインのバ

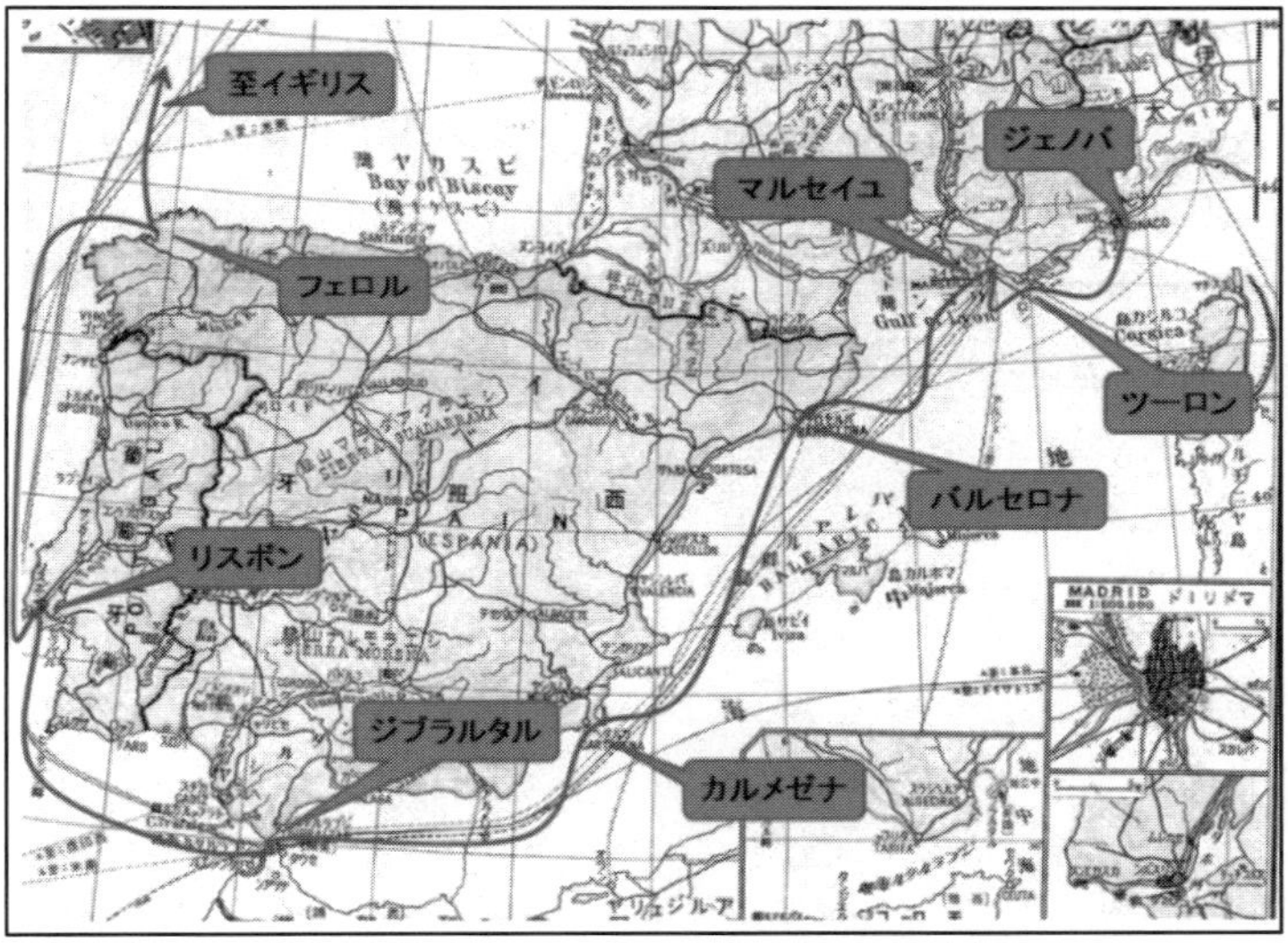

「清輝」のたどった経路（ジェノバからジブラルタル経由イギリスへ）

ルセロナ港に着いた。午後二時にスペイン国家に対し二十一発の礼砲発射を実施したが、応砲がなされるまでに約二時間を要した。

当時のスペインは、一八七四年、それまで共和政であったが、軍のクーデターによって、共和政の解体と王政復古が宣言された。翌七五年に国外に亡命中であったブルボン家のアルフォンソが国王として帰還し、王政体制となった。七六年一月に総選挙が実施され、カノバスが首相に就任し、二月に四年続いた第三次カルリスタ戦争という内戦を平定して国内の動乱に終止符が打たれ、七月に新しい憲法が制定された。

「清輝」が訪問した一八七七年は、国内の動乱が平定され新たな政治体制を作ろうとしている最中であった。ある意味、当時の日本と同じような状態であった。内戦が終わって間もないことから、軍の規律や港、市街地の印象はあまり良いものではなかった。すでに入港時の礼砲交換では悪い印象を受けた。

バルセロナは、当時スペイン国内で第二の繁華な港であったが、イタリア、フランスの諸港に比較すると全て規模が小さく、住民も貧窮者が多いように見えた。同地では、外国人を見て罵るような悪弊も住民の中にはあり、外国人への感情が良くない面があった。

上陸して、必要な物品の入手に出かけ、帰ってきた平野小主計が、不満を口にした。

「街ではイタリア語以外の外国語はあまり通じないし、外国貨幣の流通が悪く、ようやく見つけた両替店でイギリスのポンドを現地通貨に交換したものの、相場は悪いし、全く不便なところですね」

「世界の海を跋扈《ばっこ》するイギリス人ですら、この通貨の状況には困却していたよ」とイギリス軍艦に留学中、バルセロナに来たことがある副長の伊月が答えた。

バルセロナでは海陸軍や地元の人々との交際はなかった。また、海陸軍の士官で日本の国旗を知らない者も多かった。内戦が終わって日が浅く、人々に外国と交流しようとするほどの余裕がなかったのであろう。

六月八日午前四時、バルセロナを出航し、翌九日午後二時、同国のカルメゼナに到着した。カルメゼナでのできごとも、報告書にはあまり好意的には書かれていない。

カルメゼナには、造船所があるので、これを一度見学したいと、その造船所長官に依頼し、約束の十日午前九時、井上艦長以下、士官数名で端艇に乗って造船所を訪問した。

「我々は、日本国軍艦『清輝』の士官である。この造船所所長より見学の許可をもらい、本日午前九時にここに来るよう指定された。入門を許可されたい」

伊地知が門の前で番兵に向かって叫んだ。

しかし、造船所の番兵からは、「入門はできない」という言葉が返ってきた。何度か伊地知は交渉を試みたが、「清輝」士官一行の入門は許可されなかった。

「しかたない。とりあえず、待って様子を見てみよう。伊地知中尉、しばらく端艇を留めて置くことの許可をもらってはどうか」と井上は指示した。

「艦長、全く返答がありません。どういうことでしょうか。番兵の態度も甚だ不敬で、これでは期待できません」と伊地知は不満を漏らした。

これに及んで井上も我慢できなくなり、

「見学は取りやめだ。本艦に戻ろう」と士官たちを促し、「清輝」へと帰艦した。

その後、スペイン軍の士官が「清輝」に来訪してきた。

「さきほどは、せっかく造船所に来ていただいたのですが、こちらの不手際で番兵に貴官らの訪問が伝わっていなかったため、不敬な扱いとなったことをお詫びしたい。あらためて訪問してもらえないだろうか」

これに対して副長の伊月は

「本艦は明日に出航を控えており、積み荷等の作業、多忙な艦務のため、再度造船所に赴く時間を取ることはできない」と、これを断った。その後、再度その士官が訪ねてきて来訪を促したが、やはり断った。

その他に海岸沿いの砲台を見学したい旨を依頼しており、その日の午後に士官数名が見学に行ったが、下士官によって案内され、これを不敬な取り扱いと受け取った。

見学した砲台は、外見は主要な砲台に見えたが、実際は小規模で古い銅製の砲で見るほどのものではなかった。士官が来訪したのであれば、士官が対応するのは常識的なことであり、日本側の考えが傲慢であったということではない。しかし、「清輝」から政府や軍の高官に苦情を訴えることはしなかった。

このようにスペインでの碇泊は、あまり良い印象ではなかった。

ポルトガルの首都リスボンに寄港

「清輝」は六月十一日カルメゼナを出航し、スペインをあとにした。翌十二日に「清輝」は、イギリス領ジブラルタルに寄港した。碇泊して見学するようなものはあまりないので、すみやかに石炭搭載を実施して、翌十三日出航、ジブラルタル海峡を抜け大西洋へと入った。そして、十五日午後三時過ぎにポルトガルの首都リスボンに到着した。

当時のポルトガルは王政で、それまで本国に富をもたらしていたブラジルという植民地を独立により失い、国内の開発に重点が置かれ農産物の生産と輸出が進んでいた。そして隣国のスペインやフランスの共和政への移行の影響を受け、共和主義が徐々に浸透し始めたころであった。

港は、四方に丘があって非常によい景観で、市街は丘の半腹から下に向かって建築されていて、かなり大きな都市であった。市街の道路もかなり広く、かつ美しく、道路には石が敷かれ、馬車を通す道があった。家屋建築は高くはないが、外壁は皆各色或いは、花紋の焼きタイルで包まれていて非常に美しいものだった。しかし、皆裕福ということではなく、「清輝」乗員らは多くの貧民を目にした。

リスボン港は、ポルトガルの中で唯一の港であったが、碇泊しているのは海軍の艦船ばかりで商船などは一隻も見あたらなかった。碇泊中のポルトガル海軍の軍艦は九隻、その内の一隻は甲鉄船でイギリスで建造されたものであった。しかしポルトガル海軍との交際はあまりなく、見学することはできなかった。

「清輝」が碇泊しているときにスウェーデン海軍の練習艦「サガ」が入港してきた。同艦はイギリスを経由してリスボンに入港してきたとのこと。ポルトガルからは多く士官候補生がイギリスに留学していて、「サガ」はそれらの候補生の実習のためにイギリスを経由して乗艦させて来た。「サガ」には、ポルトガル国王の次男オスカル王子が候補生として乗り組んでいた。オスカル王子は六月十七日に、士官数名とともに艦内見学のため「清輝」に来艦した。

※王族（皇族）を軍隊に入隊させるのは、当時の日本も同様であり、それが世界的な慣例であった。

スペイン北部のフェロルでも無礼な扱いを受ける

「清輝」は十八日午後にリスボンを出航。二十日午後、スペインの港フェロルに着いた。地中海を航行中にスペインのバルセロナとカルメゼナに寄港したが、フェロルは、スペイン北部の大西洋に面した町であった。これまで寄港したスペインの二つの港は、あまり良い印象はなかったが、フェロルも同様であった。

六月二十三日午後、航海長の角田中尉、水路局から応援の測量士三浦・関の両少尉補の三名が天測のため、端艇に乗って港の入口にある砲台の近くへ向かった。

※天測とは、太陽や星の角度を測定して、自船の位置を把握するためのものである。陸岸の見えない海域を航海する場合には、必須のことで、この技術を習得するには、それなりの訓練と三角関数を主とした数学的な知識を必要とする。ヨーロッパ派遣のために水路局から、この天測やそのための機材に精通した三浦・関を乗艦させた理由はここにある。

その天測を陸上で実施するというのは、位置を確定させるためではない（すでに位置は判明している）。これは、六分儀という天体などの角度を測る機器の誤差を把握するためである。誤差の把握は航海術上重要なものであり、それは洋上で天体の角度を測る際に、より正確な値が導かれることを意味する。

経度が確定している（位置が判明している）場所で天体を測角すれば、「中心差」と呼ばれる六分

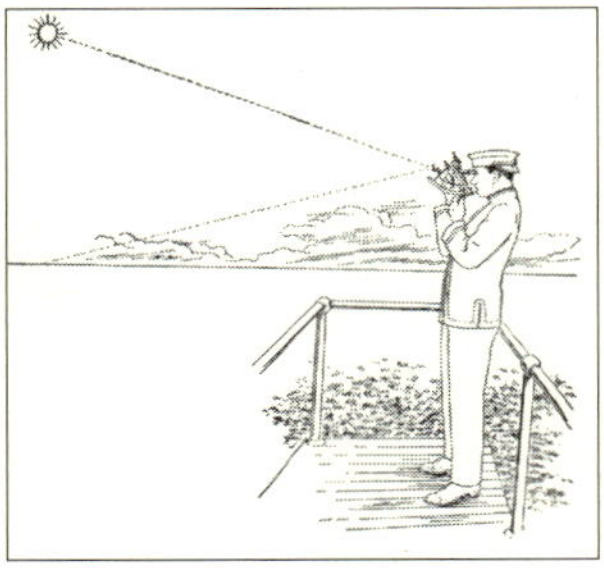

天測の様子
（『航海の話』より）

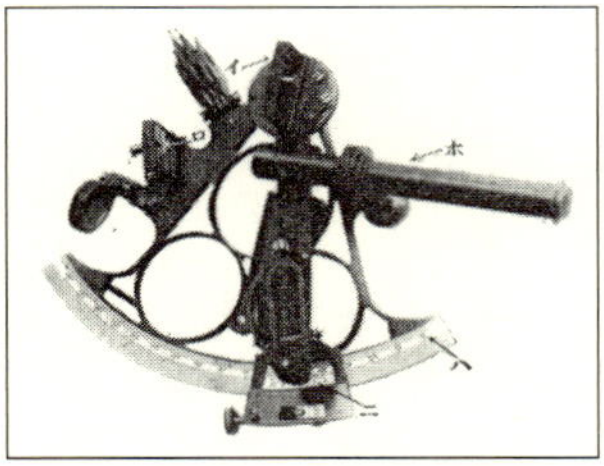

六分儀（昭和初期のもの）
（『航海の話』より）

儀特有の誤差を把握することができる。三浦・関の両少尉補は、航海中に六分儀によって天体を測角し、自船位置を算出することで、安全、確実な航海に貢献していたのだった。

「このあたりで、いいだろう。そこの砲台近くの陸地に端艇を着けてくれ」と角田は端艇の艇指揮に指示した。

「砲台の番兵がこっちを見ているけど、大丈夫かな」と三浦が心配した。

「なにも咎める様子でもないので、差し支えないだろう。さっさと天測を済ませてしまおう」と角田は言った。

「器差測定終わりました」

関が角田に報告した。

「では艦に帰ろうか」

角田は二人を端艇に乗るよう促した。そのとき、

「航海長、番兵がこっちに来ます。身振りからすると何か要求しているようです」と三浦が気付いた。

「どうも、向こうにいるスペインの士官のところに来るよう言いたいみたいです。私が行ってきます」と三人の中では最も英語に堪能な三浦少尉補が士官のところへ行った。しばらくして、三浦が戻ってきた。

「なにか書くものはないですか。彼らには英語はさっぱり通じません。こっちもスペイン語はわからないので、紙に書いてこちらの言い分を渡してきます」

そして、三浦は英語で「本日我々は天測のためここに上陸した。何も禁止されていないので差し支えないと思慮する」と紙に書き、それを持ってスペインのところに再度赴き、紙を渡して、端艇に戻ってきた。

「おもて放せ」

艇指揮の号令で端艇が岸を離れようとするとき、

「おいあの番兵、こっちに小銃を向けているぞ。身を低くしておけ」と角田は皆に警告した。

そして端艇が十分に砲台から離れると、

「やれやれ、発砲はしなかったな。いったいどういうことだ。天測をやってはいけない場所だったのか」と角田は疑問に思った。

角田は帰艦して、井上艦長にこの状況を報告した。

ここからは、文献によってかなり日本側の態度は異なる。当時の「清輝」からの報告書をもとにすると、

「それは変だな、副長、近くに碇泊しているスペインの軍艦に行って、確認してきてくれ」

「承知いたしました。その場所に上陸すること、天測をすることを禁止するような規則があるのか聞いてきます」と伊月は素早く行動した。

そして、スペイン軍艦から帰ってきた伊月は、

「スペイン軍艦の士官からの返答は、上陸を禁止するものはない。天測をしても差し支えない場所ということでした。それならば、どういう理由で我が士官に銃を向けたのかを問いました

が、事に精通していないようで即答はせず、艦長に報告して返答する、ということでした」と報告した。

午後十時過ぎになって、そのスペイン軍艦の艦長が「清輝」に来艦してきた。

「この件は陸軍の将軍に話を入れておいた。将軍は明日番兵を尋問して確認すると言っている。『清輝』が明日予定通り出航することは差し支えない」とスペイン軍艦の艦長は述べた。

「本艦としては、航海長らが上陸したことを咎められなければ、こちらから咎めるものはない」と井上は返答し、事は済んだ。

このように「清輝」からの報告書をもとにすると、かなり穏やかに事は収まったように思える。一方、井上が海軍大将のときに「清輝」のヨーロッパ航海中の逸話として話題にしたところでは、報告書よりももっと険悪な雰囲気だったようである。

狙撃の真似をしたのはけしからぬ、はなはだ無礼なことと、どういう訳なのかと陸軍に抗議を申し込んだ。さらに返答を得るまでは出航を延期するといって強硬に抗議した。いろいろすったもんだの挙句、スペイン軍側から、それは悪かった。番兵は処罰するからという返書があったので、出航したが、当時は不当なることに対しては、あくまで頑張ったものであった。

第六章❖イギリス本土に到着

プリマスの造船所でイギリス海軍の造船技術に感服する

「清輝」は六月二十四日午前四時、フェロルを出航し、二日余りの航海で、二十六日正午、ようやく折り返しとなるイギリス本土に到着、まずは、南西端にあるプリマスに入港した。一月十七日に日本を出航してから、五ヶ月以上を過ぎていた。イギリスでは、プリマス、ポートランド、ポーツマス及びグリンハイズに寄港し、一ヶ月以上を過ごした。そして折り返して復路となり、日本へ向かう航程となる。

プリマスでは、まず礼砲の交換をして、その後桟橋に繋留した。桟橋には在ロンドンの日本公使館から派出された外交官が待機しており、さらに水路局の柳大佐がいた。柳は水路局の仕事でヨーロッパ各国の水路業務の調査のために出張中で、たまたまこのときイギリスに滞在していた。水路局からは測量士として、三浦と関が乗艦しており、部下の激励と、その仕事ぶりを見に来たのだった。

「清輝」はイギリスで大歓迎を受けた。海陸軍士官との交流は、これまで寄港したイギリス

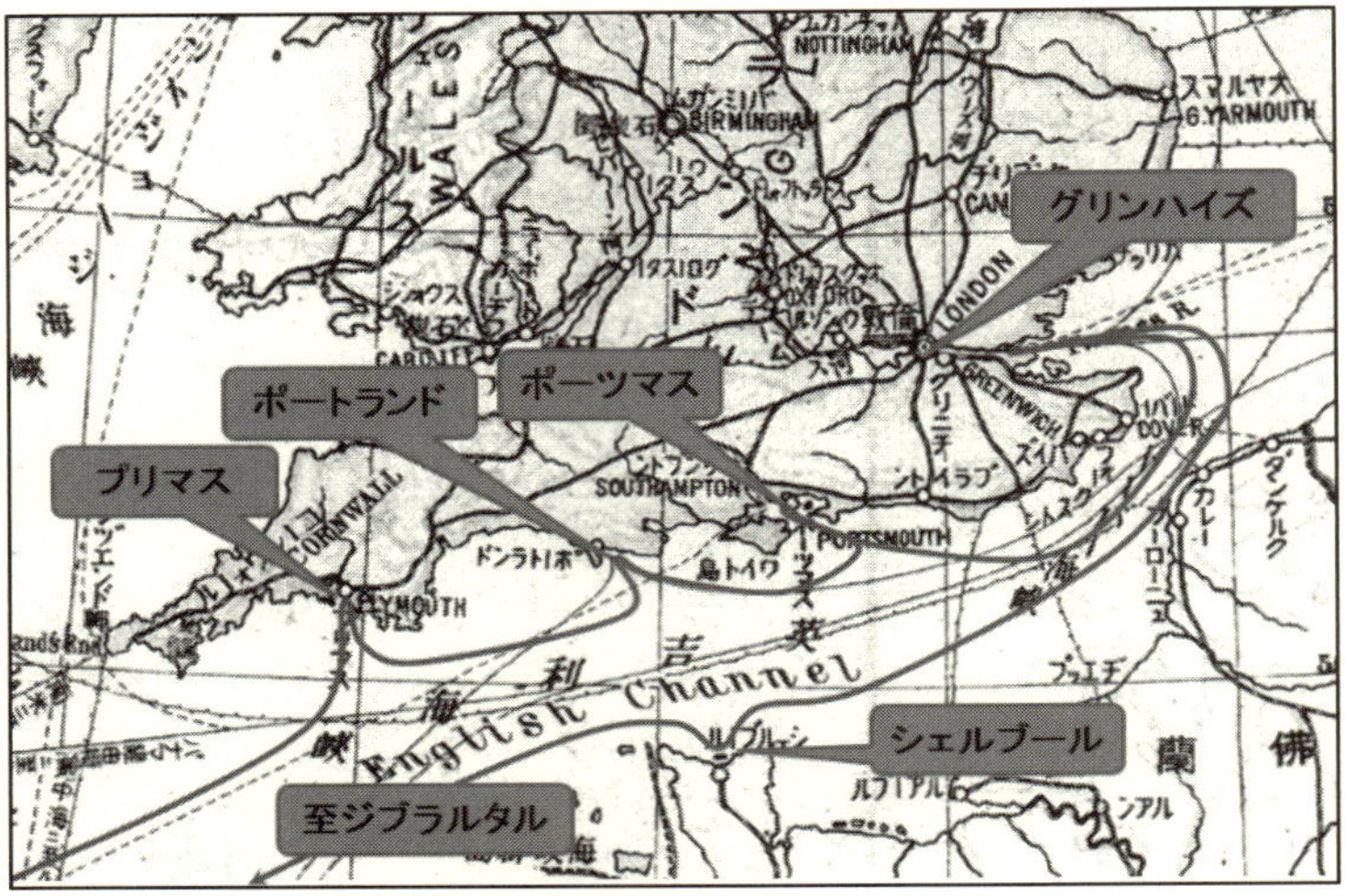

「清輝」のたどった経路（イギリス本土沿岸）

領と同様、大変親密で、その他の国とは異なるものだった。食事などの招待をいくつも受け、その対応に、艦長、士官ともに忙しかった。合間を縫って造船所などの軍事施設の見学も行った。

プリマスにある造船所は、イギリス国内の造船所のなかでは小さい方ということであったが、士官らには中の大くらいに感じられた。その製造機械等にあっては、とくに日本と異なるものがあったわけでもないが、広大であることと順序が行き届いており、非常に参考になる施設であった。

「当造船所では、マスト、キール等に使用される木材を長く水中に浸しています。長いものでは四十から五十年浸しています」と造船所の担当士官が、木材を浸すプールを指差していった。

「浸し始めた年が書かれていますのでご確認ください」と言われ、一行は、プール内の木材の履歴を書いた看板を見た。

「この木材は一八三八年より浸している。約五十年だ」と井上艦長は驚きの声を上げた。

「イギリス艦船の建造にあっては、必要な部材をこのように処理しています」と担当官が井上に説明した。

「さすがはイギリス海軍だ。我が『清輝』のマストに、このような手間はかけられていない」とイギリス海軍の造船技術に感服した様子の井上であった。

イギリスでは女王即位日の休日になっていた。当時の女王は、一八三七年に即位したビクトリア女王（約六十四年在位）で、この年は即位から四十一年にあたる。六月二十八日は午前八時から満艦飾（数字旗、アルファベット旗を繋げて、艦首からマストトップを経由艦尾へ掲揚したもの）を実施して、正午に二十一発の祝砲を発射、夜には花火を挙げ、燈火を舷側に灯してイルミネーションを施して、即位の吉日を祝った。これを現地のイギリス人は大変歓び、井上らは至るところで、謝辞を受けた。

満艦飾の様子、写真は軍艦「海門」(明治14年ごろの写真)(『幕末以降帝国軍艦写真と史実』(国立国会図書館デジタルコレクション)

※日本の軍艦が、イギリス本土で、国王の即位日を祝ったのは、記録に残っている限りでは「清輝」が初めてである。その後は、一八九七（明治三十）年の即位六十年の際に、イギリスで建造中の軍艦「富士」完成前に軍艦旗を掲げ、記念の観艦式に参加。一九〇二（明治三十五）年、エドワ

ード七世の戴冠式に伴う観艦式。一九一一（明治四十四）年ジョージ五世、一九三七（昭和十二）年ジョージ六世の戴冠式の際にも軍艦を派遣した。イギリスとは良い関係が続いていたのである。

イルミネーションのイメージ、写真は横浜みなとみらい繋留中の「帆船日本丸」（著者撮影）

ポートランドでイギリス艦隊を見学

「清輝」はプリマス港を七月四日午前四時に出航した。そしてポーツマスに向かう前にイギリス海峡艦隊の停泊地であるポートランドに寄った。港には砲塔艦六隻、小砲艦三隻及び砲術稽古艦（注：原文のママ）等が碇泊していた。井上艦長は、入港後ただちにイギリス艦隊の司令官ボーイス海軍少将を訪問し、砲塔艦などの艦内見学を依頼した。

※砲塔とは、大砲を船体に固定する装備で、砲の回転、仰角の上げ下げを可能にする当時の最新装備である。「清輝」に積まれているアームストロング砲、クルップ砲は、陸上に卸して陸戦にも使用できる大砲なので、船体に固定されてはいない。まだ日本には砲塔を装備した軍艦は一隻もなかった。

艦内見学はすぐに許可され、艦長及び士官数名が、イギリスの砲塔艦を訪問した。そして、その夜、井上らはボーイス少将から夕食に招待された。その席で、ボーイス少将は遠い東洋から来た日本海軍の士官らを前に言った。

「明日（五日）は、砲塔艦の訓練と魚形水雷（魚雷）の発射が予定されているが、『清輝』が在泊できるのであれば見学させてあげよう」

「ポートランドには、イギリス艦隊を見学するために寄港しました。明日は、ポーツマスに向けて出航する予定でしたが、絶好の機会なので、出航予定を一日延期することにします」と井上は答えた。

そして、翌五日、井上らが見学した砲塔艦では、

「これはすごい。砲塔が回転し、大砲の上げ下げがとても円滑になっている」と小笠原中尉が驚きの声を上げた。

そして魚雷発射を見た士官らは、初めて見る魚雷に感嘆の声をあげた。

「これが魚形水雷の発射か、見事な仕組みだ。これはすぐにでも日本海軍に導入を考えていかないと」

見学を終わってボーイス少将に厚く謝辞を述べて、一行は「清輝」に帰艦した。

その魚雷発射の見学の結果は、報告書の中で意見具申されている。

魚形水雷は、現在のヨーロッパでは大きな関心事となっており、使用していない国はないほどである。これは甲鉄の巨艦に対抗するには不可欠のものと考えられる。海軍省においても、速やかに人員を派出して、これの製造及び使用法等を視察することが急務である。

この報告書に対して、「谷口の記事」では、「当時にあっては誠に先覚者の達見というべき」という高い評価がなされている。これは数少ない軍事視察をもとにした報告でもある。

ポーツマス入港、テムズ川を航行しグリンハイズで大がかりな艦上レセプション

七月六日午前四時前にポートランドを出航して、午前十一時過ぎ、ポーツマス港に到着した。ポーツマス港は、ロンドンから比較的近く（直線距離で約八十キロメートル）にあるので、入港後、井上艦長は、ただちにロンドンへ向かい、日本公使館を訪問した。

「井上中佐、よく来てくれた。『清輝』のことは、地中海の諸港を航海しているころから、イギリスの新聞に紹介されて、評判になっているよ」と在イギリスの上野公使は井上と握手を交わしながらこう述べた。

井上が予想もしない話を聞いてきょとんとしていると、さらに「イギリス本土の人たちは兼ねてから『清輝』の入港を待ちわびていたんだ」とたたみかけた。

「実に光栄なことです」と井上は返した。

「そこで相談だが、今回の『清輝』の評判がとても良いので、艦上でのレセプションを開催してはもらえないだろうか。今後日本とイギリスの付き合いがますますうまくいくように、さらには不平等条約の改正の布石になるかもしれない。そのメリットは計り知れない」と上野公使は井上に要望した。

「招待者はどのような人でしょうか。それと皆さんどうやってポーツマスまで来られるのでしょうか」と井上は確認した。

「招待者は、イギリスの官民の高官、在イギリスの外国人高官、おそらく五百人くらいになると見積もっている。それから、場所はポーツマスではなく、艦をテムズ川まで回航してもらって、グリンハイズという港に錨泊してもらいたい」

「それは大がかりですね。かなりの準備と費用が必要になりましょう。日本国としての諸外国との交際上の利益となるのであれば、大変なことではありますが引き受けましょう」と井上は答え、初めての艦上レセプションを開催することとなった。

「ありがとう。よろしく頼むよ。ホスト役は、艦長だけというわけにもいかないだろうから、私が妻同伴で、さらにフランスのパリで開催中の博覧会の事務局長としてロンドンを訪れている大蔵大輔の松方君も加わろう」

「日程はいつごろとなりましょうか」

「いまから招待客への招待状の準備をするので、ある程度余裕をみた方がよいだろう。二十日後の七月二十六日でどうだろう」

「承知いたしました」

「日本へ向けての復路出発は、三週間以上後になりそうだ。しばらくイギリスでの碇泊を楽しむとするか」などと思いつつ井上は公使館を後にした。

井上は「清輝」に戻ると早速、副長以下士官を集め、在ロンドンの日本公使館からの依頼によるレセプション開催の話を伝え、準備作業の開始を命じた。レセプションまで二十日間。一見余裕があるようで、料理のメニューと量の決定、材料の仕入れ、各種の酒、果実等の調達、そしてイギリスの習慣に倣っての飾りなど、やることはたくさんあった。準備には人手と多額の費用を必要としたが、副長を中心に、イギリス留学経験のある伊地知、平野がこれをサポートし、準備を進めた。

そして、レセプションを十日後に控えた七月十六日、「清輝」はポーツマス港から、テムズ川を遡ったグリンハイズの沖に移動し錨泊した。

七月二十六日艦上レセプション当日。ロンドン市内から、グリンハイズ近くの駅までは汽車を利用して招待客は移動したが、この汽車のダイヤを、そのあと桟橋からの汽船による送り迎えに都合がいいように変更することまで日本公使館はやってのけた。担当したのは公使館員の長崎氏で、彼の調整力によるものだった。招待客は桟橋から雇いの汽船に乗って、沖に停泊する「清輝」へと移動した。

イギリスのヘラルド紙には、このとき招待されたイギリス人の目からみた「清輝」の状況が掲載された。当時の日本の外務省員が翻訳した一部を、著者が読みやすくした上で紹介する。

　七月二十六日、日本の軍艦「清輝」は、イギリス海上においてレセプションを開催し、イギリスの様々な高官及び、諸国の駐在公使等を招待した。「清輝」の景状を観るに、それは日本国の開化を想わせるものであった。外国人の手を全く借りることなく日本からイギリスまで航海して来たことは、感嘆に値する。

「清輝」甲板上の索具等はきれいに整頓されて清潔であった。乗組員は士官から水夫等に至るまで皆敏捷で、適材適所に配置されている。この艦がいずれ我がイギリス軍艦に拮抗するというも、あながち不可能ではないであろう。

「清輝」を見学して、その状況を見るに、この艦が戦争の規則条例を遵守していることがよくわかった。東洋にこのような一文明国があることに驚くほかない。

士官は皆一室を有し、その居室は美なり。艦内機関等皆、光沢宝明、一つのキズもない。その機関を見るに、日本の機関学の進歩を象徴している。これらが、外国人の手を借りずにイギリス本土まで航海できた理由であろう。この日、「清輝」を訪れた招待客は五百名に及んだ（外務省が翻訳した全文を付録に記す）。


このように、日本からイギリスまで、日本人だけでの航海で来たこと、及び清潔で規律正しい様子が高く評価され、さらにいずれイギリス軍艦に拮抗するというのもあながち不可能ではないとまで書かれた。この評価は、復路におけるトルコ皇帝の謁見を実現することにもつながった。

こうして「清輝」はイギリスで大歓迎を受け、その一ヶ月を超える滞在を終え、七月三十日、グリンハイズを出航し、帰国の途についた。まだ、日本帰国まで八ヶ月以上の航海が待っている。来た道を帰るとはいえ、気を抜くことはできないと、乗組員一同、気持ちを新たにしての出航であった。

井上艦長の報告（当時の文献を読みやすく著者が修正）

「清輝」の今回のヨーロッパ航海については、当艦が地中海の港に寄港していたころよりイギリスの新聞に度々記事になっているとのこと。イギリス人は兼ねて「清輝」の入港を待っていたとのことで、今回の当艦の挙動が評判良いため、今後、我公使の交際上大いに利益を与え、往々御国権を拡張する一助ともなるであろうということで、艦をテムズ河に進め、当地の縉紳及び在留外国縉紳等を艦内に饗応することを公使より依頼された。

このため、七月二十六日午後おおよそ縉紳四百名余りを艦内に招待し、各種の酒、果実等を以て饗応した。もっともこれについては、土地の風俗に習い、飾花或いは、酒食等のために多分の費用も必要であったが、交際上の利益になるという義であれば、やむをえないものと判断し、これを執行した。

当日は、上野公使妻帯同し来艦、本職とともに来客を接待いたし、また松方大蔵大輔も来艦、皆親しく実地の景況を目撃した。来艦の諸縉紳は満足したということであった。現地の新聞にも取り上げられ、大いに賛美された。招待状を送った人名およびその内来艦の人名等は未だ取調できていないので、追って、報告する。まずは饗応を執行したことのみを報告する。

第七章 ❖ 日本への帰路

シェルブールに入港し、パリ万国博覧会を見学

七月三十一日フランスのシェルブールに入港した。このとき、パリでは万国博覧会が開催中であった。博覧会事務局の松方大蔵大輔からの依頼と在フランスの鮫島大使からも薦められたのは、日本軍艦の訪問を示すために、水兵を博覧会会場に行かせることであった。そこで副長の伊月は、水兵のうち、素行の良い者を十四名ほど選んで、鉄道で約三百キロメートル離れたパリまで行かせた。その規律ある態度は市民に好感をもたらしたことであろう。

万国博覧会には、フランス大統領より古物（アンティーク）の出品を要請する国書が明治天皇に発出されていた。日本から出品された主要なものとして、日本家屋と日本庭園が建造され、そこには茶室が設けられ、来客をもてなしていた。

海軍に対しても出品できるものはないかという問い合わせが、明治十年ころに事務局からあり、水路局が「地理天文図」等を出品し、「大ニ其ノ精密ナルヲ称セラリタリ」と評価された。

ツーロンに一ヶ月碇泊、横須賀造船所時代のフランス人技師に再会

八月十二日、シェルブールを出航、ジブラルタル海峡を抜け、八月二十九日ツーロンに到着した。ツーロンは海軍の造船所があることで有名で、多くのフランス人技術者が、ここから来日し、横須賀造船所で働いた経験をもっていた。「清輝」は、十月二日までの約一ヶ月間ここに碇泊した。その間、煙管（用途の細部は不明）の入れ替え三百四十本、歯車、バルブ及びパイプの取り替えなど主に機関部を中心とした修理が海軍の造船所で行われた。以前に横須賀造船所で雇われていたデュポン氏（伐木技師で明治十年九月二日に満期解雇となり帰国）及びアレス氏などが、ツーロンの造船所で勤務していて、「清輝」の修理について尽力してくれたこともあり、全て都合よく進めることができた。

※明治七年から、佐波一郎がこの伐木技師デュポンに艦材視察のため訳官として随行、日本各地の官有林を見て廻り、その選定や調査に従事した記録が『横須賀海軍船廠史』に残されている。

また、ツーロン碇泊中「清輝」士官らは、同港在泊の海軍提督をはじめとして、フランス海軍士官から種々懇親の扱いを受け、とくに各艦船の士官たちと厚く交際することができた。互いに食事の饗応等も数多くあり、数週間の碇泊でありながら数ヶ月もいたような錯覚をもつ

シェルブールの様子　1950年ごろの写真（『世界文化地理体系19』平凡社）

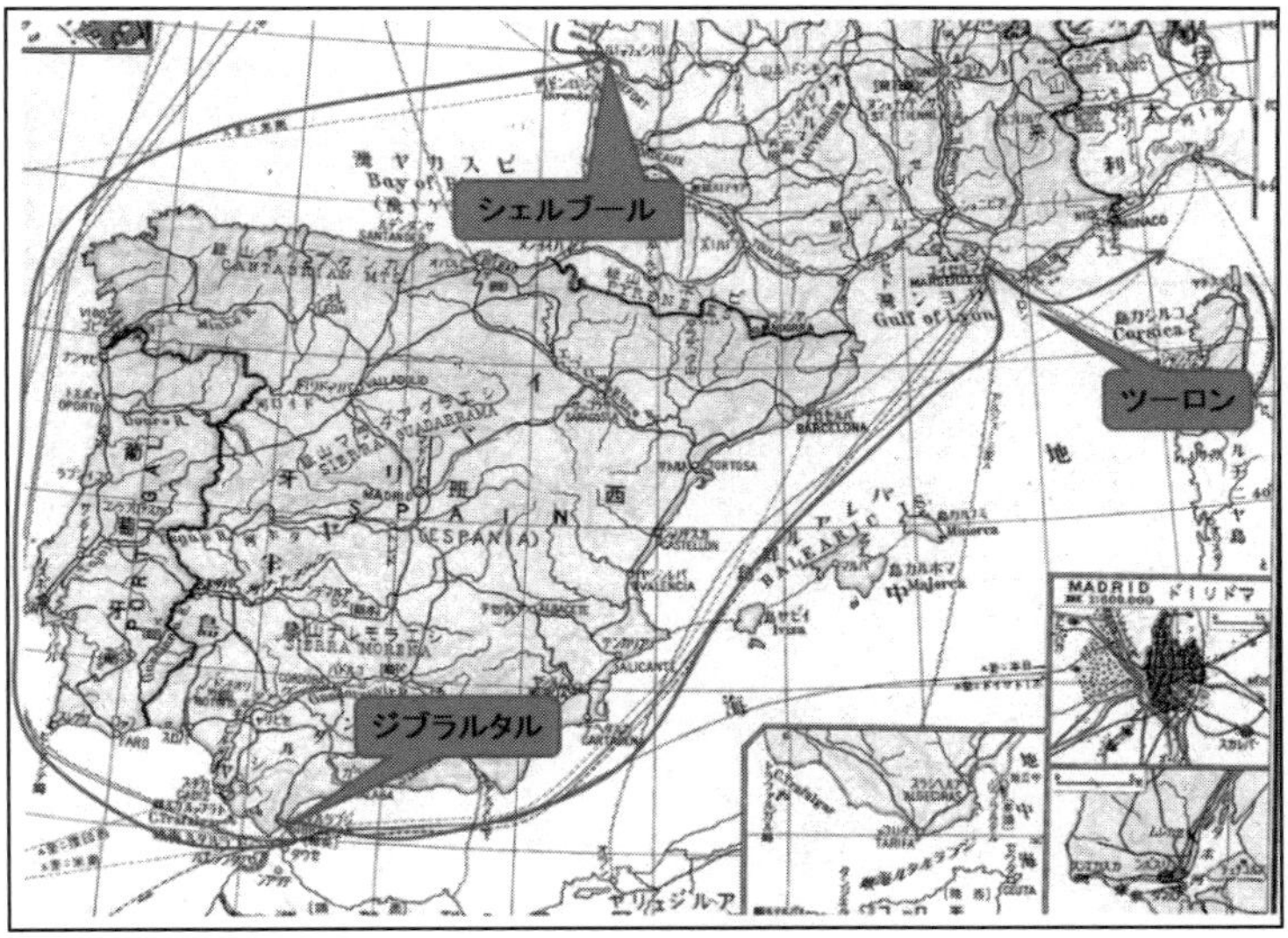

「清輝」のたどった経路（シェルブールからツーロンへ）

ほどであった。

職工指導者としての森村は、ツーロンでの一ヶ月にわたる修理においては、造修に関する調整能力を発揮した。そして、過去に横須賀造船所に雇われていたフランス人技師たちとの再会を楽しんだ。

一方で同じ横須賀造船所から乗艦した片野は、

「片野君、今日はフランスの軍艦に招かれている。通訳頼むよ」と若い士官が片野に話しかけた。

「はい、承知しました。おともします」と片野。これまで何回も片野は通訳として「清輝」士官と行動をともにしていた。

「いい服だね。結構高かっただろう」とさりげなく士官が尋ねると。

「士官室に招かれるので、それなりの服装をしないと失礼ですから、給料前借りして買ってきました」

そう、片野は答えたのだった。

「通訳の仕事がなければ、機関の面倒を見るだけなので、汚い作業服でも十分だったろうに。給料前借りしてまで服を揃えるというのはちょっと不憫だな。艦長に掛け合ってみよう」と副長の伊月は、片野の処遇について艦長に進言することにした。

片野は、初級士官より下の立場であったが、機関士補助としての仕事ぶりは大変勤勉で、フランス語通訳として外国軍艦などに招待されることも多いので、初級士官同様の扱いとされていた。

「艦長、片野は士官とともに通訳として招かれることが多くて、それなりの服装をするために給料の前借りまでしています。なんとかしてやれないでしょうか。機関士補助としての仕事ぶりも大変勤勉です」

「そうだな、昇給させるよう本国に上申しておこう」

そう言って井上は、本国に片野の給料を森村と同程度になるように上申書を出したのだった。

また、ツーロン在泊中、井上と高田中秘書の両名は汽車により、パリを経由して、ドイツを研修（九月四日から二十二日までの十九日間）した。ドイツ研修は、井上が、「清輝」の行動予定

ツーロンの様子　1950年ごろの写真（『世界文化地理体系19』平凡社）

を五ヶ月延長させてまで叶えた研修旅行である。それは有意義なものであった。

期間を延長してドイツの兵器産業を視察

九月四日午後、井上と高田は、ツーロン駅から汽車に乗ってマルセイユ経由でパリに向かった。パリでは日本公使館を訪問し、そこでドイツへ旅行するために必要な情報を収集して、パリ駅からクルップ社のあるドイツのエッセン市に向かった。そして八日、列車の中。

「艦長、もうすぐエッセン駅に着きます。外の景色がすごいです」

高田が、うつらうつらしている井上に声をかけた。

「これはすごい。煙突だらけだ。数百本はありそうだ。これがクルップ社の工場か」と井上は、その光景に大変驚いた。

そして、井上らはエッセン駅に降りた。そこには二人の日本人が迎えに来ていた。

「井上艦長お久しぶりです」

「おお、坂元少尉か、元気そうだな。西南戦争以来か。こんなところで会えるとは、うれしい限りだ」と井上はなつかしそうに坂本の手を握った。

迎えに来ていたのは、クルップ社に留学中の坂元俊一と大河平才蔵の両海軍少尉であった。

坂元は、西南戦争前から戦争中にかけて、艦務研究のために「清輝」に乗艦していた元海兵士官である(第一章で既述)。

西南戦争の後、坂元は船乗りではなく砲器製造という職務への転換を希望し、クルップ社への留学を志願した。その志願の理由は次のようなものだった。

イギリスから砲術を教授にきたブリンクリー大尉に砲術学を三年教わり、海兵隊の砲兵士官となったものの、海兵隊の廃止にともない「清輝」乗り組みとなった。西南戦争で陸上への偵察任務の際に負傷し、身体は若干不自由が残っており、ここで、自らの職務を転換して、これまでの知識と経験が生かせる砲術に関する兵器製造に従事することを熱望する。そのためには、ドイツでその製造法を学ぶ必要がある。

坂元は、西南戦争では軍艦から降した大砲の指揮官としても活躍しており、運用者としての知識も考慮されたであろうが、当時の海軍省の事情も留学の必要性を後押ししていた。坂元の留学を上申した海軍省兵器局は、「砲器製造の事業は海軍緊要の一部にして、欧米各国互いに新規開発を競い戦闘の勝敗もまた、兵器製造の巧拙に根拠する」という考えを持っていた。そして、クルップ社で砲器製造を研修していた深栖研彦五郎が、帰国を前に病死し、クルップ社のノウハウを日本に伝える者がいなくなったこともあって坂元の留学志願は認められた。

明治十一年三月から三年間の予定で坂元と大河平はドイツに留学となった。坂元には、「クルップ砲製造修業」大河平には「砲科分析学・兵器製造法修業」という任務が与えられた。

その夜、井上らは、エッセン市内のホテルに宿泊し再会を祝った。懐かしい話は尽きなかった。翌九日の朝、一行は坂元と大河平の案内で、クルップ社を訪問、アジア地域担当のハヂマン氏に面会して、工場内の見学を申し込んだ。見学はすぐに許可され、同氏の案内で、九日、十日の二日をかけて主要な施設を見学した。工場内は広大で、井上はその規模の大きさに非常に驚いた。井上の報告書の一部を紹介する。

エッセン市は、その地下全体が石炭鉱なので、大量の石炭が採掘される。それはドイツ西南部の主な炭鉱でもある。エッセン市の人口はおおよそ三万人で、住民はクルップ社の職人と鉱夫とその家族がほとんどである。

工場の敷地は、市の面積の約四分の一を占め、数百本の煙突が昼夜を分かたず煙を吹き、市中はそのためにガスで覆われる。場内縦横に鉄道を敷き諸工場に運送の便となっており、この製造場に使用する鉄道機関車は十五。諸物件を輸送するための車両は約五百ある。

現在製造所で働く職工は約七千人、その他鉄鉱炭鉱に使役する職人を合わせると総計一万三千人余りになる。エッセン市では、クルップ社職人の住居や、その子弟を教育する学校がクルップ社により建てられ、職人たちは、子弟をそこに寄宿させ勉強させた。また日用品全ての品物を扱う店を開き、そこは原価販売していた。物は豊富にあり不自由はない。

このような状況を井上は、「クルップ社はさながら、エッセン市における小政府のようであった」と述べた。

坂元、大河平の二人は、このクルップ社において、ともに勉学に励み、日々の進歩は顕著であると現地では評価されていた。さらに二人は、日本の各地で採れた鉄を数種類持ち込んで、これらが大砲の製造に適するか否かの調査も進めており、伯耆国の出羽鋼が良質で大砲の製造に適していることを突き止めた。出羽は、今の島根県邑南町で、刀剣の産地として有名な場所である。

※その坂元俊一は、明治十四年に留学を終え帰国、その後は兵器局で勤務し、佐世保海軍兵器廠、横須賀海軍兵器廠長を務めた。また日清戦争での功労ありという記録がある。造兵大監（大佐相当）まで昇任し、明治三十七年に予備役となった。

クルップ社（エッセン市）1950年ごろの写真（『世界文化地理体系17』平凡社）

航海期間を延長して実現したドイツへの研修旅行は、クルップ社だけでなく、首都ベルリン及びキール港の造船所、海岸砲台を訪問し、井上にとって大変有意義なものとなった。首都ベルリンを見学した際の、ドイツという国家に対して井上は次のような所見を残している。

当国一般の模様を以て、論すれば、その開化の度少し英仏に及ばざる所あるけれども学文上の進みは遥か他二国の右に出ると。学術進歩を為すも諸学校の建築等は尚、粗なるもの多しと、これ一つは国在の徒も指揮に基づく所もありと。外飾を張らず、事を実地に挙るの本心より出たるなりと。人民生活の模様もすべて、かくの如し。

（著者要約：一般的な現況からは、ドイツの進歩はイギリスやフランスに及ばないところはあるが、学問・技術の進歩は両国よりも進んでいる。学術が進歩していても諸学校の建築は豪華というものではない。外見にこだわることなく、中身が重要という考え方があるのであろう。人民の生活も全てそうである。）

さらに当時の皇帝及び指導者ビスマルクについての所見もあるが、これは割愛させていただく。

そして、「修理をほぼ完了したので、会計処理等を終わり次第出航し、イタリア海岸を経てトルコの方へ回り、その後順次帰朝の航路とする」という報告を本国にしたのち、九月二十七日に「清輝」は、ツーロンを出航し、イタリアのジェノバに向かった。

ジェノバ、ナポリを経てパレルモへ、水兵襲撃事件

「清輝」は十月三日、イタリアのジェノバに寄港した。往路で寄港したときに世話になった所へ挨拶にも行った。そして六日に出航し、八日これも往路で寄港したナポリに到着した。ナポリ港にはイタリア艦隊が停泊しており、提督をはじめとして、イタリア海軍の士官たちは以前よりも親切にしてくれ、さらに日本領事館が新たに設けられたことから、調整なども、全て順調であった。いずれの港も往路で寄港していることから、とくに支障なくイタリア滞在を楽しんだ。そして、士官たちは有名なポンペイの遺跡見学に行く機会を得た。

その状況は、見聞録として報告されており、読みやすく修正した上で紹介する。

ポンペイ見聞録

ポンペイは、イタリアの旧都市でヴェスヒユス山の南麓に位置している。ナポリ港からの距離はおおよそ十五キロメートル。この都市は紀元前六百年の頃に基礎を置き、イタリア人の植民する所となった。その後、各地と通商が盛んになり、小さいが豊かな都市となった。紀元(注：西暦)六十三年二月地震のために都市のほとんどが崩壊したが、再構築して、また繁栄した。しかし紀元七十九年にソムマ山の噴火に依って都市全体が埋まってしまい、一七四八年まで、その存在を知られていなかった。水道を導くために、ここを開発したところ地下に家屋が埋まっているのを発見し、この時初めてポンペイの位置が判明し、その後発掘が始まった。

ポンペイは当時三万人ほどの人口を有し、海岸に沿って広がる都市で繁栄を極めた所である。一七四八年に発見されて以来今日に至るまで、全体の半分くらいが発掘されている。小さな博物館が建てられ、地中から掘り出したものが展示され、中には男女人体が石のようになったものや人骨、獣骨、その他食物、穀物、衣服等の蒸焼けたるもの等が陳列されている。

火山は、初め焼石を噴出し、火山灰を噴出し、その後熱湯を噴出した。おおよそ一昼夜にして家屋を埋めてしまった。故に多くの人民は、初めに焼石が噴出したところに逃げたが、奴隷や貧困者等は逃げることができず、このように埋められてしまった。

家屋の内部を堀出す作業を特別に見せてもらった。内部から人骨、服飾の小玉及び戸錠の金具などが掘り出されていた。家屋の内壁に描かれた画等は少しその彩色を失っているが、その画の細密な所まで見ることができた。

実に千八百年以前の家屋や画等が今日このように見られるのは、信じ難く、一つは驚き、一つは過去を想像するきっかけとなり、楽しくもある。とはいえども、人体の化石となった姿や掘り出した人骨を見て、その噴火にあった人のことを想像すると身体震慄し、毛髪が逆さになるような気分である。

十月十三日、ナポリを出航し、翌十四日にシチリア島パレルモ港に到着した。パレルモでは、「清輝」の水兵がイタリア人に切り付けられ、外交問題に発展しそうになった。

パレルモ港碇泊中の十月十六日、水兵数名が午後に上陸、夕刻に帰艦するため、同港の波止場から「清輝」の端艇に乗り込んだ。

「さて、船に帰るか。見物人かな。ずいぶん集まってきたな」などと水兵たちが話をしていたところ、古ホウキが端艇に投げ込まれた。

「おい、何をするんだ」と叫び、水兵の波江野嘉之介が、陸に上がって、ホウキを投げ込んだ者を取り押さえた。

すると、横から一人の男が小刀をもって波江野の左腕を切り付けた。

「うわっ！」波江野が叫ぶ。

これを見た他の水兵らは、

「波江野を助けろ」と次々に上陸して、切り付けた者を取り押さえようとしているところへ警官二名が現れた。

警官は、水兵たちに向かってイタリア語で話した。

「何を言っているのかさっぱりわからん」

水兵たちにイタリア語を理解できる者はいなかった。警官らは、身振り手振りで、水兵に意志を伝えようとした。

「謝っているようにも見えるぞ」とある水兵が言った。

『清輝』を指差して、帰艦しろと言っているみたいだ」と別の水兵。

「とにかく、帰艦して副長に報告だ」ということになり、水兵らは全員端艇に乗り込んだ。そして端艇は岸壁を離れ、「清輝」へ向かった。

帰艦した水兵たちは、早速副長の元へ行き、事の次第を報告した。

「状況はわかった。とにかく波江野を軍医のところへ連れて行け」と伊月は指示し、事の次第を井上艦長に報告した。

そして、「明日、自分が警察に行って確認してきます」

「よろしく頼む、副長」

井上は、まずは副長に任せるのが良いと判断した。

パレルモ港　1950年ごろの写真
(『世界文化地理体系19』平凡社)

翌十七日、伊月が警察に赴き、群衆からホウキが端艇に投げられたこと、波江野水兵が切り付けられた状況を訴えたところ、現場確認の上、その傷の軽重を以て犯人の罰を定めるという旨が警察官から知らされた。

そのため、伊月は一旦帰艦し、加賀美大軍医と波江野水兵を伴って再度警察に行き、そこでイタリア軍艦乗組みの医官及び警察官立ち合いの上、傷を確認し、さらに現場を確認して、両医官の立ち会いの上診断書を作成し、これを警察官に渡した。

帰艦した伊月は、「一応の処置は終わりました」と井上に報告した。

「ごくろうだった。副長、加賀美大軍医。これで安心して出航できるな」と井上は二人を労った。

「本日午後、次の寄港地ギリシャに向け出航する」と井上は、先を急ぐこととした。

イギリス領マルタでの緊急修理

イタリアのシチリア島パレルモを十月十七日に出航した「清輝」は、次の寄港地ギリシャに向って航海していた。しかし、三、四時間も過ぎたころ、

「艦長、船体の振動が突然激しくなりました。緊急停止します」と当直士官は井上艦長に報告した。

「艦が止まったら、潜水夫を潜らせて艦底を調査させよ」と井上は指示した。

「スクリューの羽一枚が脱落しています」と艦底を調査した潜水夫が報告した。

「角田航海長、緊急に修理する必要がある。近くに適当な港はないか」井上は角田に尋ねた。

角田は、すぐに海図台に飛びつき、海図上、付近にある港を探した。

「最も近いところは、往路で入港したシチリア島のメッシーナ港です。ここには造船所がありました」

「わかった。メッシーナに向かう。慎重に航海していこうか。副長」

「承知いたしました。極力帆走で向かいます」

こうして「清輝」は、スクリューの羽根一枚が脱落した状態で、慎重に航海し、翌十八日メッシーナに入港することができた。

メッシーナ入港後早速、伊月と森村は造船所の担当官に交渉に行った。しかしこの造船所のドックは、他の艦船を建造中なのでしばらくは使用できないという返事だった。ドックに入渠できなければ、スクリューの修理は不可能である。

「やむを得ない。マルタのドックの状況を確認しよう。往路でも修理を受けたところだ。空いていればいいけどな」と井上は言った。

伊月らは、電信を造船所に借りて、マルタ島にあるイギリス海軍工廠に問い合わせ、ドックの都合を確認することにした。

その返信を待つ間、「清輝」はメッシーナで過ごした。二日後、修理可能という返答を受け取り、十九日午前、「清輝」はメッシーナを出航しようとしていた。

「出航用意、舫（もやい）を放て！」

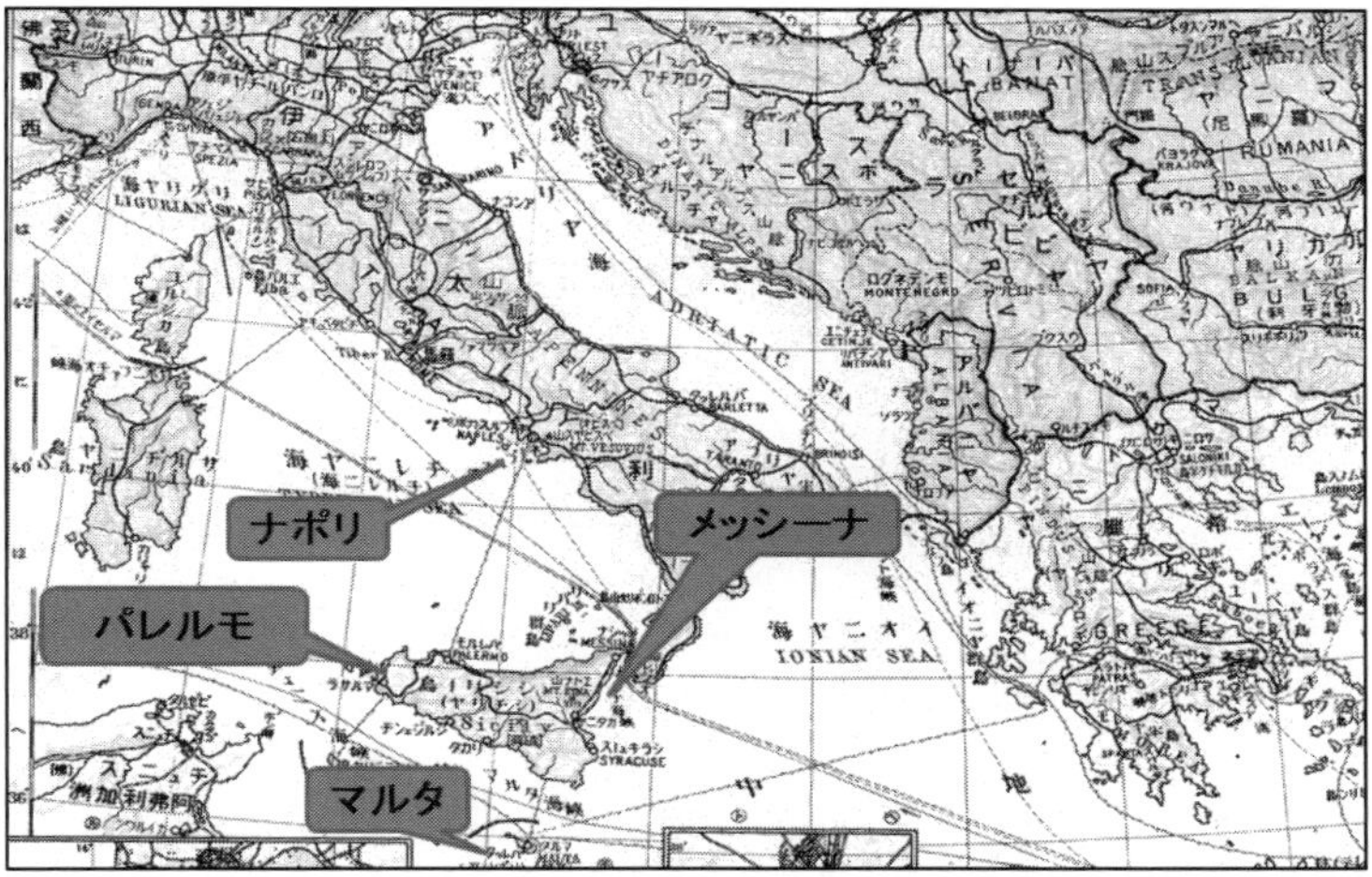

パレルモ、メッシーナ、マルタの位置

「機関始動！」

ゆっくりと「清輝」は、岸壁から離れようとしていた。

「艦長、岸壁で誰か叫んでいます」と当直士官が報告した。

「何かを渡そうとしているようです」

「機関停止。何かの使いだろう。乗艦させよ」

一旦、井上は機関の運転を止め、使いの者を乗艦させた。そして伊月が使いの者から封書を受け取った。

「イタリア語で書いてある。全くわからん」

伊月は、封書から書面を取り出し、読もうとしたが、あきらめた。

「使いの者は英語もフランス語も通じません」と伊月は艦長に報告した。

「わかった。使いの者は退艦させよ。退艦次第出航する。その書面はマルタでイタリア語の解る者に翻訳してもらおう」

井上はこう告げ、使いの者を退艦させ出航した。

次の寄港地マルタで書面を英語に翻訳してもらったところ、それは負傷した波江野への呼出し状であった。しかし航海の都合から、本人をパレルモに出頭させるのは無理なので、波江野とその場にいた水兵の口述調書を作成し、これをナポリ在住の領事に送って、必要な処置をしてもらうことにした。

本人と証人の出廷が不可能であれば、この傷害の罪は不問とならざるをえないということであったが、二人の犯罪者が自ら罪科を白状したので、この二人は入牢一ヶ月の有罪判決を受けたと、後日在ローマ公使から連絡を受けた。

「清輝」は、慎重な航海により、翌二十日にマルタ島に入港し、二十三日からドックに入渠して修理を開始した。

脱落したスクリューの羽根は、予備品を「清輝」が保有していたことから、その交換作業が実施された。その他に日本への帰路、あと五ヶ月の航海をするのに必要な予備品として、推進器用の軸の製造を依頼した。

無事に修理は終えたが、マルタ島で十日以上の日数を要したことから、予定していたギリシャへの寄港を断念し、トルコに向かうべく、「清輝」は十月三十一日にマルタを出航した。

コンスタンチノーブルでトルコ皇帝に謁見

マルタを出航し、十一月三日に「清輝」はトルコのベシカ湾に到着した。井上艦長は、イギリス軍艦「パラス（Pallas）」及び「レサーチ（Research）」の二隻が碇泊しているのを見た。「パラス」とは、往路にあった四月、エジプトのポートサイドにおいて、親しく交流しており、艦長のビーミシュはとても親切な軍人だった。

井上は、まずは彼に会うことにし、その日の午後「パラス」を訪問した。トルコ帝国の首都コンスタンチノーブルへ入港するための要領を聞くことも重要だが、マルタでイギリス海軍から預かった同艦行きの書簡類を届けるという所用もあった。

「ビーミシュ艦長、お久しぶりです。『清輝』はイギリス本国での滞在を終え、日本への帰路、トルコに寄港することにしました」

「イギリス本国はどうでした。皆歓迎してくれたでしょう。なんといっても東洋からの初めての軍艦だ」とビーミシュはなつかしそうに井上と握手をした。

「全く、大歓迎でした。ロンドン近くで開催した艦上レセプションは大好評でした」

「新聞で読んだよ。素晴らしいことだ」

「ところで、コンスタンチノーブルへ入港する手続きを教えてもらいたいのだが」

「もちろんだ。コンスタンチノーブルに入港するには、まず、ダルダネル海峡入口のチャナッカレ港に仮泊して、そこでトルコ政府の担当局に通航申請をすることになっている」

「なるほど。それに関しては、日本はトルコとの条約未締結で、公使、領事がいないので、その手続きをイギリス公使及び在チャナッカレのイギリス領事等に依頼できないだろうか」と井上は若干恐縮して頼んでみた。

「もちろん可能さ、なんとかしよう」と言って、ビーミシュは直ちに電信で、この事情を在アルタキのイギリス駐在武官経由で在コンスタンチノープルのイギリス公使ヘンリー・レヤルド氏に伝えてくれた。

「これが、在コンスタンチノープルのイギリス公使あての紹介状だ。持って行くとよい」とビーミシュは紹介状まで書いて井上に渡してくれた。

「大変感謝します」と井上は謝辞を述べ、「パラス」を後にした。

翌四日、「清輝」はベシカ湾を出航し、数時間の航海でチャナッカレ港に到着した。井上は、早速イギリス領事館を訪問、イギリス領事に面会して、首都への通航申請手続きを依頼した。同領事は直ちに通航事務を担当するトルコ陸軍中将のフィシヤンバシャのもとへ井上を伴って訪れ、申請書を提出した。

六日午後、通航許可が下りたとイギリス領事から連絡があったので、「清輝」は直ちに抜錨し、コンスタンチノープルに向け出航した。

翌七日の午後、コンスタンチノープルへの入り口となるアルタキ湾に投錨した。ここは当時イギリス艦隊の主な泊地であった。アルタキ湾には五隻のイギリス軍艦が錨泊していた。艦隊の司令官はホルンバイ海軍中将で、副長の伊月がイギリス軍艦へ留学中に大変世話になっていた。

残念ながらホルンバイ中将は不在で、副司令官のコメル海軍少将が代わりに指揮をとっていた。翌八日に、そのコメル少将から夕食の招待を受け、艦長、伊月、高田の三名が旗艦の「アジンコート」に行き、大変丁寧な待遇を受けた。

※この航海中寄港地で、伊月が艦長とともに行動した記録は少ない。艦長が不在であれば、副長が艦に残るのは通例であるが、今回は、伊月が留学中に世話になったホルンバイ提督が指揮する艦隊でもあり、通訳の高田と三名で招待に応じたということであろう。

「清輝」は九日にアルタキを出航し、コンスタンチノーブル沖へ投錨した。そして、十二日、井上は在コンスタンチノーブルのイギリス総領事フォーセット氏を訪問した。その際、トルコ陸軍のターヒルベー大佐を紹介されるとともに、この二人から、「もしトルコ皇帝の謁見を希望するならば、尽力しましょう」という言葉があった。

「ぜひ、お願いします。しかしながら日本へ帰還する航海の日程のこともあるので、それは十七日よりも前ということでお願いしたい」と井上は両人に依頼した。

「承知いたしました。トルコ政府の大砲局長（注：原文のママ）から首相へと上申をしてもらうという手はずを整えます」とフォーセット総領事は答えた。

井上は、謁見までの間、首相を含め政府の高官及びイギリス公使を訪問し、また市内観光をして時を過ごした。

謁見を予定していた前日の十六日になってもなんの連絡もないので、井上は、伊月を総領事館に向かわせ、フォーセット総領事に状況を問い合わせた。

「大砲局長は、まだなにも首相に上申していないようだ。ただちに上申するので、十八日まで待ってもらいたいということだ」と総領事は返答した。

井上は、大砲局長に書簡を送り、「出航を急ぐので、十九日までに謁見の見込みがなければ、この依頼は取消してもらいたい」と明確に意志を伝えた。

そして十八日、首相からの使者が「清輝」に来訪し、「首相が井上艦長に会うことを望んでいます」と伝えた。

井上は、直ちに首相を訪問した。首相が言うには、

「今からトルコ皇帝に奏上するので、夕刻までには謁見の可否を貴官に知らせることができるだろう。今しばらく出航を待ってもらいたい」

「我々は出航を急いでいる。十一月三日にベシカ湾に入港してすでに二週間を経過している。もし明日十九日に謁見の見込みがないなら、皇帝に奏上しないようお願いしたい」と強く要望した。

「とにかく今夕の返事を待ってもらいたい」と首相は言った。

「やむを得ない、とにかく待つことにしよう」と井上は了承して「清輝」に帰った。

その日、井上はオーストリア公使に招待されて出かけ、夜十時に帰艦したが、首相からの返事は来ていなかった。

「副長、明日は予定どおり出航する。必要な準備にかかるように」と井上は指示した。

明けて十九日午前八時、出航準備であわただしい「清輝」、そこに近くに碇泊しているトルコ軍艦「マスヲヂヤ」から士官が訪れ、

「本日午前中に皇帝に謁見となりました。後程、当艦のメヘメットベー艦長がお迎えに上がり

ますので準備をしてください」と連絡がきた。

「副長、出航は延期だ。通訳の高田、それから小笠原中尉と角田中尉はすぐに着替えて参内の準備をせよ」と井上は指示した。

午前九時、四人は大礼服を身に着け、メハメットベー艦長に付き添われ宮廷へ出かけた。

井上はこのトルコ皇帝の謁見について次のように記している。


表向きには、イギリス総領事フォーセット氏と陸軍のターヒルベー大佐の二人から始まったことで、大砲局長を経由して首相に話を通すという、書簡を使わず口上による手続きに則ったもので、この四人の尽力である。

しかしイギリス公使が、「清輝」がコンスタンチノーブルに入港した直後に来艦し、艦内の様子を見て、この二十年間の日本の開化の速さを感じ取り、それを事前にトルコ皇帝に奏上していた。また、オーストリア公使も「清輝」を見学したあと、首相に日本の開化について話をしていた。

この二人の公使の行動は、日本のことを引き合いに出して、トルコの改革を促す意であったことは間違いない。


謁見では、高田が日本語—英語、「マスヲチヤ」のメハメットベー艦長が英語—トルコ語の通訳を務めた。その一部を紹介する。

皇帝　日本天皇陛下の万歳を祝し、併せて遠路トルコまで来艦されたことを賞賛する。

井上　私井上は日本政府の官吏として、初めて軍艦により、トルコに参りました。今日ここにトルコ皇帝陛下に拝謁する名誉を得ることができ、生涯の栄誉として感謝いたします。

皇帝　我国の港に初めて日本帝国の軍艦を見て、殊にその艦長及び士官に会うことができたのは、朕に於いても大変満足でうれしく思う。今後両国の間が近くなり、互いに公使を派遣し、且つ人民の行き来も親密になっていくことを希望する。

井上　おっしゃるとおりです。我々もそれを願うものです。

皇帝　貴国の人口はどのくらいか。

井上　三千五百万です。

皇帝　軍艦は何隻くらい保有しているのか。

井上　大小合わせて三十隻、そのうち五隻は甲鉄製です。

皇帝　甲鉄艦及び木造艦は全て、国内で製造されるのか。

井上　いいえ、鉄は国内で産出できますが、製鉄の方法が未だ充分ではありません。そのため甲鉄艦は、今のところ外国からの購入です。しかし、数年の内には国内での製造となりましょう。

皇帝　陸軍常備兵はどれくらいか。

井上　五万人です。
皇帝　海陸軍はどの国の方式を用いているか。
井上　海軍はイギリス、陸軍はフランス方式を採用しています。
皇帝　海陸軍の兵隊を教育するときは何語を使用しているか。
井上　全て日本語を使用します。内容はイギリスもしくはフランスの図書を翻訳したものです。
皇帝　日本海軍は常にイギリス、アメリカなどに軍艦を派遣しているのか。
井上　そうです。イギリスまで来たのは初めてですが、アメリカ、オーストラリアには遠洋練習航海を目的に軍艦が派遣されております。
皇帝　「清輝」には外国人の水先案内人が乗っているのか。
井上　いいえ、日本人のみです。外国人は乗っておりません。
皇帝　「清輝」艦内は、美しく、整頓され、また日本は僅か数年間で格段の進歩を遂げたと聞き、大変すばらしいことと思う。今後ますます日本海軍が発展するよう希望する。
井上　ありがとうございます。
皇帝　貴国人民は何の宗教を信仰しているか。
井上　国教は神仏の二道があって、その一道を信仰しています。その二道ともヨーロッパ各国で信仰される聖教とは全く異なり、日本固有の宗旨にして、主に修身を目指すものです。

皇帝　ヨーロッパの人民は自己の宗旨を他国に広めることを望んでいる。宗旨というものは風俗に関することが多いので、他の宗教を信ずることは風俗を変換することにもなる。故に貴国に於いても、他宗を信じることで固有の風俗を変換するようなことがないことを希望する。

井上　実におっしゃるとおり。国の風俗を変換するのは私としても決して望むものではありません。我が国では専ら固有の二道を固信し、中国大陸にも広めているところです。

皇帝　それがよい。

本日は、日本軍艦の艦長と士官に会えて満足している。今後も日本軍艦がトルコを訪れ、朕に会いに来てくれることを望む。トルコも日本に軍艦を派遣し、艦長及び士官を日本皇帝に拝謁させることを望むものである。この思いを日本皇帝陛下に伝えてもらいたい。

こうして日本とトルコとの歴史的な謁見は終わった。謁見の翌日、十一月二十日、「清輝」はトルコを出航した。

※このやりとりは全て記録されている。その全文を付録につけておく。

トルコを出航した「清輝」は、その後スエズ運河を通り、インド洋を横切ってマラッカ海峡の入り口となるペナンに至るのだが、この航程での報告は欠落している。スエズ運河については往復いずれも記録や報告が一切なく、判明しているのは、十二月八日アデン出航、スエズ運河を抜け、十二月二十八日ボンベイ入港、一月二十三日ポイントデゴール出航、三十一日ペナ

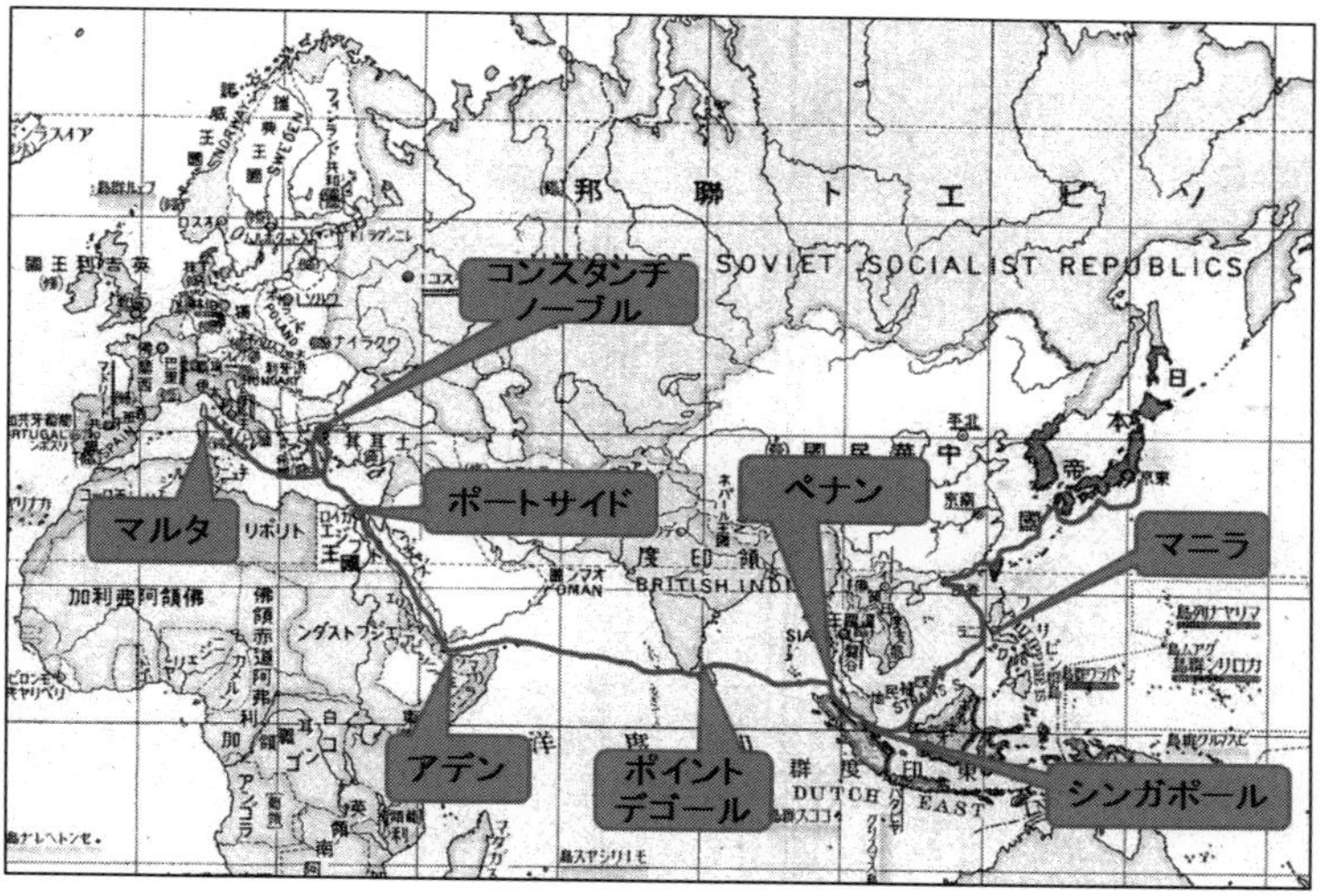

「清輝」のたどった経路（マルタから日本帰国）

ン入港という日程だけである。

ペナンで水兵が行方不明に

ペナン（現マレーシア）はマラッカ海峡の西側の港で、当時はイギリスの統治下にあった。一月三十一日に「清輝」はここに入港した。トルコを出航してから四十日が経過していた。二日、この港で水兵一名が行方不明となった。

「副長、吉崎萬吉が帰ってきません」

当直士官は上陸員の帰艦状況を報告した。

「本人の足取りは判明しているのか」

「本日夕刻ごろに桟橋付近で見た者がいます。その後姿が見えなくなりました」

「海に落ちた可能性が高いな」

副長の伊月は、すぐに井上艦長に報告に行った。

「艦長、水兵の吉崎が行方不明です。海に転落した可能性が高いです。明日早朝から、網を使って港内の捜索を試みます」

「わかった。よろしく頼む」

井上は暗い表情で頷いた。

翌三日夕刻、捜索結果を伊月が報告に来た。

「艦長、一日中網で捜索しましたが、発見には至りませんでした」

「そうか。ここまで、一人の兵を失うこともなく来たが、残念だ」

「明日は出航の予定ですが」と心配する伊月に対して、井上は言った。

「人相書きを描いて、ここペナンの港長に爾後の処置を託そう。遺体が発見された時には、香港在住の領事に連絡してもらい、遺体は陸上に埋葬し、石碑の建設を依頼することにする」

「承知いたしました。早速書簡を作成します」

伊月の動きは相変わらず機敏であった。

そして、翌二月四日「清輝」はシンガポールに向け出航した。

※「清輝」航海中に唯一亡くなったのが、この水兵である。全員無事で帰国させることができずに、艦長、副長は大変悔やんだであろう。

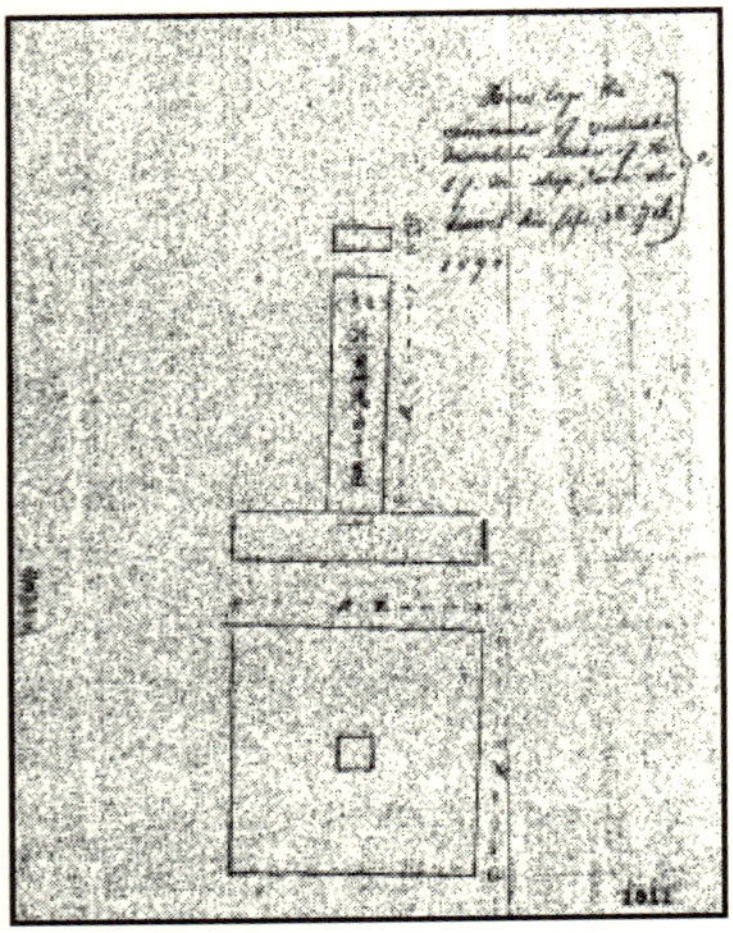

ペナン港長に依頼した墓の石碑の絵図（出典：アジア歴史資料センターRef.C09101691300、「公文原書 巻16 本省公文 明治12年3月5日～明治12年3月7日」（防衛省防衛研究所所蔵）

二日後の六日、シンガポールに入港し、約二週間停泊して機関関連の機械掃除等を実施し、二十三日同港を出航した。北東向きの風が強く、香港へ直行するのが困難だったため、八日間航海したのち、三月二日途中となるマニラ港へ入港した。

スペイン領マニラに寄港

当時のマニラはスペイン領であったので、「清輝」は到着の翌日となる三日午前、スペイン国旗に対し二十一発の礼砲を放った。次いで、在港スペイン海軍少将及び、ロシア海軍少将等へ定数の礼砲を放った。そして、同日午後、井上艦長は慣例に従って、それぞれの旗艦を訪問した。

翌四日早朝、井上はロシア領事を訪問し、同氏に伴われ、午後三時ころ、スペインの統治政府の総督を訪問した。しかし当地では、日中暑いことから午後二時から五時までは休息の時間になっていて、一切の勤務を休み、皆昼寝をする風習があった。

「とにかく珍しい風俗の処である。当該地へ渡航する人は心得ておくのがよい」と井上は報告書に記している。

そして、このときは面会することはできなかったが、ロシア領事の薦めもあって、翌日に再度総督を訪問し、面会することができた。

マニラ碇泊中、加賀美大軍医が患者について井上に報告した。

「マニラ到着の日から、発熱の患者が七名います。全て士官です」

「全て士官か。様態はどの程度なのか」

「みな軽症ですが、士官のみ発症というのも不可解です。水兵等で、症状を訴えた者はおりません。しばらく様子を見ます」

石炭、清水等を積んだのち、同六日同港を出航。香港へ向かう途中、加賀美は再度井上に報告に行った。

「発症から四、五日で全員回復しました。地方特有の一種の軽熱症だと思われます」

「わかった。報告書に書いておいてくれ、今後海外に派遣される艦船は注意されたいという助言も忘れずに」

次の寄港地の香港以降は、慣れた港なのか、とくに事件もなかったのか、碇泊中の出来事は報告書に記載なく、出航と入港だけが記されている。

一年三ヶ月の長期航海を終え横浜に帰還

「清輝」は香港、厦門、長崎、神戸、鳥羽を経由し、横浜へと向かった。

帰国の際、「清輝」からあらかじめ礼砲実施の申請が出された。それは、「清輝」が派遣されている間に西南戦争時の艦隊司令官(「清輝」帰国時は東海鎮守府司令長官)の伊東祐麿が少将から中将に昇任、川村純義が海軍大輔(次官)から海軍卿(大臣)になったので、これらを祝って礼砲を発射したいというものであった。

これに対する海軍省からの返答は、「規則どおりに実施」であった。それは出迎えに来ている最高位の者に対してのみ実施するという、海軍礼砲条例の規定を順守せよというものであった。

一八七九（明治十二）年四月十八日「清輝」は、一年三ヶ月の長期航海を終え横浜に帰還した。当日は、太政大臣三条実美、海軍卿川村純義、陸軍卿西郷従道及び東海鎮守府司令長官伊東祐麿が出迎え、明治天皇の使いとして御用掛侍補佐々木高行、侍従長山口正定が艦上にて聖旨を伝達するために来ていた。礼砲は、太政大臣に対して規則に則り十九発が発射された。

そして、入港後、明治天皇から酒肴料、準士官以上五〇銭、下士官三五銭、卒夫（兵）二五銭が賜われ、労を慰せしめられた。

川村海軍卿からは、次のメッセージが「清輝」に送られた。

東海鎮守府に所属する「清輝」は、日本国産の軍艦で、外国人による支援を一切受けずに全く航海したことのない未曾有の諸港を巡航し、どこの港にあっても、国旗を辱めるようなことは全くなかった。これは全乗組員による尽力と勉励によるもので深く感銘する。

そして、四月二十五日、井上艦長は宮中に参内し、航海中の状況を明治天皇に奏した。そのなかでは、トルコ皇帝に拝謁した際、皇帝が日本の軍艦が初めてトルコに来たことを喜び、陸海軍のことについて種々質問されたことなどが奏上された。

第八章❖「清輝」ヨーロッパ航海の意義

「清輝」はヨーロッパで寄港した各地において、日本人のみの運航であることにことさら賞賛を受けた。その「清輝」の航海を可能にした要因について最後にまとめてみたい。

西南戦争後まもない日本が、海軍の軍艦をヨーロッパに一年三ヶ月かけて派遣することができたのは、不平等条約と言われながらも修好通商条約を主要なヨーロッパ各国と締結していたという環境にあって、海軍各部署における初期の人材育成によって育てられた専門家に支えられていたからである。

井上艦長は、「雲揚」艦長の時代からの部下を、新造される国産軍艦「清輝」に引き抜き、そして就役後は、彼らとともに西南戦争を戦った。その信頼する部下に加えて、ヨーロッパ派遣にあっては、各分野から九名の先駆者たる専門家を補強した。

海外での軍艦の運航に関しては、イギリス軍艦に五年間乗艦留学していた副長の伊月を始めとして、イギリス留学経験のある伊地知、天測・測量に特別の技量を持ち水路局から派遣された三浦と関の存在が、安全な航海を支えた。また、長期間の航海を支える機関部分については、横須賀造船所から派遣された片野がいた。

寄港地での対外的な親善行事、研修や情報収集にあっては、伊月に加え、伊地知及び通訳を専門とする高田の存在があった。高田は常に井上と行動をともにし、秘書役としても重要な役割を果たした。

また、マルタやツーロンでの、合計三回の大規模な修理にあっては、横須賀造船所で西洋式教育を受けた森村の存在があり、フランス語通訳としてだけでなく、修理箇所や細部の調整などにも貢献した。片野は技術官としての派遣であったが、フランス語通訳としても重宝されていた。機関に詳しいことから、造船所での修理業務の調整にも貢献した。二人は、士官とともに招かれることから、それなりの服を自前で新調せざるを得なかった。

そのような二人は、帰国後、造船所に戻るのだが、慰労金として七〇円を賜った。「清輝」の準士官以上が帰国時に賜った酒肴料が五〇銭であることから考えれば破格の慰労金である。

そして、軍艦の会計処理並びに寄港地、造船所など海外での金銭の支払い等にあっては、イギリスの軍艦や造船所で研修を受けた平野がいた。さらに医務的事項にあっては、西洋医学をイギリス人から学び、経験豊富な加賀美の存在があった。

訪問した各国でも、日本で建造した軍艦が日本人のみの運航により、海外を航海していることへの驚嘆と賛辞が多く記録されている。それは、
情報収集という任務を果たし、邦人のみの運航による初のヨーロッパ方面への航海であり、

さらには内地で建造された軍艦による、日本海軍の軍艦として最初のヨーロッパ訪問という大きな意義がある。

という昭和十三年に発刊された『近世帝国海軍史要』における評価にも見られる。このように現場における技量は、九名の補強によって、一国の海軍として誇示するレベルになれたからこそ、「清輝」によるヨーロッパ航海は、実行され、成功を収めたのである。

その「清輝」の報告書は、港から港への航海の状況、寄港地の状況など詳細に記載されていた。さらに水路局から乗艦した三浦と関は、日本帰国後も記録整理のために三ヶ月間「清輝」で勤務し、全般的なヨーロッパ航海について重要な事項、スエズ運河通航のような航海上重要な記録などを整理し、これを水路局に持ち帰った。しかし、水路局は一九二三(大正十二)年の関東大震災で、海図も含め、その所蔵資料全てを焼失してしまったので、整理された記録を確認することはできない。

一九三六(昭和十一)年に書かれた「谷口の記事」では、

「今之を検するに港湾の状況、各所見学の要領、彼我の交驩よりヨーロッパ国政の推移に至るまで、善く其の要点を捕捉しありと認められる」

と高く評価されている。「清輝」の残した報告書は、その後のヨーロッパ航海にも大いに有効だったのである。

「清輝」の後に日本の軍艦が、スエズ運河を越えたのは、十二年後、一八九〇(明治二十三)

年十二月である。それは、その年の九月に和歌山沖で遭難したトルコ軍艦エルトゥールル号の生存者を本国へ送り届けるため「比叡」と「金剛」がトルコを訪れた航海である。

その後は、さらに十二年を経た一九〇二（明治三十五）年に、イギリス皇帝エドワード七世の戴冠式に伴う観艦式に参列するために、イギリスに派遣された遣英艦隊である。指揮官は、常備艦隊司令官の伊集院五郎海軍少将であり、一等巡洋艦「浅間」、二等巡洋艦「高砂」により編成された。

「清輝」以後のヨーロッパ派遣の状況を見るに、明治十一年の航海がいかに貴重なものであったかが理解できる。

最後に「清輝」のヨーロッパ航海を成功させた九名の先駆者たちの、その後について紹介しておきたい（公文備考などから調査）。

伊月一郎

「富士山」艦長に転出、「肇敏」艦長、その後海軍兵学校の練習艦「摂津」艦長（伊地知弘一が海軍兵学校次長）、海軍軍令部、明治二十一年から二十四年に在イギリス公使館付き武官（海軍大佐）、帰国後江戸一郎と改名。病気療養となり、同年六月病没。「もし尚長命せられたならば、海軍の一重鎮となられたに違いない」と評価されている。

伊地知弘一

「孟春」艦長、「天城」艦長、「清輝」艦長、海軍兵学校次長兼教頭、海軍火薬製造所長、「高千穂」艦長、明治二十七年病気のため休職（海軍大佐）、明治二十八年一月危篤中に階位（注：軍人の階級ではない）を一階位昇級となった。

平野為信

「日進」主計長、「比叡」主計長、「海門」主計長、イギリスにおいて「浪速」の日本回航事務、「浪速」主計長、参謀本部海軍部、横須賀鎮守府司令長官秘書から会計監督部員、海軍火薬工廠会計課長、海軍造兵廠会計課長、佐世保鎮守府主計部長、呉鎮守府監督部長、最終階級は主計大監（大佐相当）。

高田政久

帰国後、海軍省の事務課に勤務、イギリス軍艦で乗艦研修中の親王が、函館に寄港したときは、必要な現金を預かり、さまざまな皇族としての世話事を支援するため函館に出張、その後病気療養、明治十三年、海軍中尉に任官し、ロシアに赴任（ペテルブルグ公使館の大使館付海軍武官）、帰国後は海軍大尉として海軍卿秘書官、明治二十一年病気のため療養、予備役となる。その後三菱合資会社に勤務し、若松支店支配人兼門司支店支配人として炭鉱開発に尽力。

加賀美光賢

明治十二年「迅鯨」乗り組み、その後横須賀海軍病院長、脚気調査委員、横須賀鎮守府軍医部長、常宮御用掛、海軍軍医総監（軍医の最高位）、宮中顧問官。

三浦重郷

水路局へ戻り、測量士として明治十三年「天城」にて測量作業に従事中に竹島を確認、その他各地の測量業務に従事した。明治二十七年日清戦争時には長崎港の知港事となった。知港事の任務は、戦時に長崎港が機雷敷設された場合に国際港として通航を可能にするための事前事後の処置をするもので、この業務遂行により高い評価を得た。その後、「筑波」副長となるが、明治三十一年中佐で病気危篤、一階位昇級。

関　文炳

水路局へ戻り、測量士として各地の測量に従事、明治十四年に三浦とともに「雷電」に乗り組み日本沿岸を測量した記録がある。明治二十年、参謀本部海軍部に勤務し、イギリス出張。明治二十五年に清国出張中帰国のため乗船していた「出雲丸」（日本郵船）が朝鮮半島南岸の安島近傍で沈没した際に死亡（海軍大尉）。

森村扇四郎

横須賀造船所に戻り、勤務。明治十八年に一等工長として勤務していた記録はあるが、それ以後は不明。

片野　保

横須賀造船所に戻って勤務していた記録はあるが、その後は不明。

士官で将官（相当）まで昇任したのは軍医の加賀美だけで、ほかの士官は大佐まで、もしくは若くして病没など、顕著な功績で有名になった者はいない。井上艦長が元帥まで昇任したのとは対照的である。

井上の指揮官としての指揮統率力は、評価されるべきで、その能力と実行力があったからこそ元帥まで登りつめた。しかし、その指揮統率力がいかに優れていたとしても、九名の先駆者らの応援なしに、「清輝」のヨーロッパ航海は成功しえなかったであろう。そもそも井上は西洋諸国への留学経験はなかったし、英語も堪能ではなかった。それは通訳の高田を常に随伴していたことからも明らかである。先駆者らは、そのような指揮官を補佐し、もっている能力を十二分に発揮した。視点を変えると井上こそが、彼らの能力を十二分に発揮させ、見事に任務を完遂したのが、この「清輝」のヨーロッパ航海である。

軍人の功績は、指揮官や将官として、軍事作戦上大きな功績を残したとき、その逸話として若いときの行いなどが紹介されることが多いが、少尉から大尉クラスのときの功績だけが表に出ることはあまりない。「清輝」のヨーロッパ航海は、若い士官たちの粉骨砕身の働きがあったからこそ、成功したのであって、このような若い士官らの功績を忘れてはならないと切に思う。

このような素晴らしい実績を納めた「清輝」であるが、その後この軍艦のたどった運命はあっけない。

横浜に帰還後は、人員の交代があり、井上は「東」艦長へ転出、後任には、緒方惟勝海軍中佐が任命され、副長は小笠原中尉となった。その後の「清輝」に大きな任務が与えられることはなく、「清輝」の最後の任務は帰国から九年後、一八八八(明治二十一)年十二月六日夕刻、紀州尾鷲湾に回航の目的で清水港を出航した。午後九時ころから風浪が強くなってきたので、引き返して再び清水港に向かおうとするが、潮流の計測を誤り、結果的に艦位を誤ったことで、夜半に三保岬の海岸に座礁した。その救難作業は功を奏せず、最終的に艦体放棄となった。

後日「清輝」の艦体の破片が残されていることを海軍大将の谷口尚眞が知った。谷口は、一九三六(昭和十一)年に「明治十一年軍艦清輝の欧州航海に就いて」という記事を書いた人で、本書でもたびたび紹介した。

谷口によれば、一九二四(大正十三)年当時の兵学校生徒が、夏の休暇で帰省した際、その休暇中の行動を作業録として提出することになっており、その作業録に静岡県のある小学校の玄関に「清輝」のマスト頭部の断片が飾られていることが書かれていた。これを読んだ当時兵学校の校長であった谷口は、早速この小学校を訪問し、小学校校長とさらに村長にも懇願して、マスト頭部の断片の寄贈を受け、海軍兵学校の参考館に陳列した。

また、伊月一郎の遺族と交流し、伊月がイギリス軍艦に乗艦していたときの日記の寄贈を受け、参考館に保管した。

これらの遺物が現存するかどうかを、二〇一五年ごろに、その参考館を管理する海上自衛隊第一術科学校に問い合わせて、探してもらったが、見つけることはできなかった。

【付録1】　フランスのマルセイユの新聞記事

※原文は当時の外務省員による和訳文（「記録材料・清輝艦報告全」JACAR:A07062108200　国立公文書館）で、非常に読みにくい文章のため、カタカナ表記をひらがな表記とした上で、著者が読みやすく書き直した。カッコ内は著者の注釈。

マルセイユ人の為にひとつの景観を与えてくれたのは、日本の軍艦「清輝」であり、これは日本の船がヨーロッパに来た先鞭である。当該艦はツーロンを出発して一昨日、五月三十日の水曜日の午前十一時十分マルセイユ港に入り、サン・ニコラス要塞との間で、双方礼砲二十一発の交換を行い、投錨した。すぐに港長は、「清輝」に赴き熱く歓迎の意を述べた。

入港後ただちに、在マルセイユの日本副領事レイモン・ド・カンプー氏は、三澤書記官とともに「清輝」に赴いた。

三十一日は、午後一時から四時の間、艦内の見学が許され、裁判官、弁護士、商人等はいかにも艶やかな令夫人を携えられ、各々特別の招待状を差し出したる上にて残らず本艦を縦覧せられたり。これは日本にて海軍製造の珍しき見本である。

本艦よりはレイモン・ド・カンプー氏と書記三澤君とが出られ、井上艦長はツーロン着港の日、直ちにパリへ赴かれ、伊月大尉（原文では少佐となっているが、派遣中に昇任はしていない）が代理をされて見物人を待遇せらるること特に周到なるを覚えぬ。

艦内を周観したところ、日本人の巧みに富み、進歩が迅速で、すぐにでもヨーロッパと肩を並べるのではないかと注目すべきである。

おおよそ一間程度の客室に入れば、氷で冷やしたシャンパン酒を天然ガラスのグラスに注いで、諸見物人に廻された。紙巻たばこを出されたが、その味は温和で、色は亜麻色でその筋は繊細であたかも女性の毛髪を束ねたようであった。私は、これを二本とって喫煙しつつ、日本製造の物品を周観して、つぶさに見ることにした。

その物品には、撤金匣（ナシジノハコ）一個、数百年前の古物と見ゆ。大和錦数疋（注：二反が一疋）金糸花紋あり。圧画の屏風。剪綵花（ツクリバナ）に雛鳥（ワラデコシラエタルトリ）を置きたるもの。厨櫃一個、毛髪蒙草たる夜叉頭を彫出せり。撤金地の椅子数脚、悉く絹布又は溝條のある天鵞絨を以て坐褥となせり。枕褥一個、額面数枚皆獣類の形を刺繍せり。

また日本人の容貌衣服を像とりたる小泥塑あり、その他の珍品奇物、蓋く指に数え筆に述べること能はざりき。

就中奇異に見えたるは、両客室に大理石の煙突を設けたるにて、欧羅巴の船に此設けあるは、甚だ稀有に属するなり。日本の如きは、島嶼連接南より北してカムチャッカに至るまで、一帯の貫珠の如き、南北の気候冷熱を異にするが故に、艦内に煙突ありて寒温を調和するは、実に必要な設けなるべし。

「清輝」は日本横須賀の造船所にて製作せしものにて、船卸しは既に四年前にありたり。乗組人は水夫海兵共に百五十三人。クルップ砲五門、祝砲二門、アームストロング砲一門を備え、乗組員は各々ヘンリー・マルチニー銃を携え、機関は皆仏国工人ヂュポン氏の雛形に依りて、日本職工の製造せしものなり。また五個の注水管を備えたる龍吐機は、スペイン国プロンデル・エンド・ソンスの製作所にて製し、針盤櫃はマルセイユの視学士ミサル氏の製造する所に係る。士官は、艦長井上中佐、副長伊月大尉、そして小笠原中尉、伊地知中尉及び角田中尉なり。医官には加賀美、足立の両君。書記官高田君。会計吏には八洲君。機関長には星山君。機関士には神宮司君にて、他に平野、児玉の両君あり。

衣服は皆ヨーロッパ風にして、士官は表依、ズボン、胴服を着し、紺色の軍帽を戴き、袖に徽章を付たり。水夫はズボン、大領（オホエリ）の下着に青きチョッキを着し、兵卒は青ズボンに赤筋を通ほし、円くして平扁たき軍帽を戴けり。

【付録２】　イギリスのヘラルド紙の記事

※九月十八日横浜でも刊行され、日本の外務省員が翻訳したもので、カタカナ表記をひらがな表記とし、句読点をつけた他は、ほぼ「記録材料・清輝艦報告全」のまま。カッコ内は著者の注釈。

七月二十六日日本国軍艦「清輝」、我大英帝国海上において宴を開き、我が英国諸員及び、諸国駐在公使等を招饗せり。その艦の景状を観、以て日本国の開化を想知するに足るなり。当該艦は八百九十屯にして、艦の中央に十五センチメートルのクルップ砲を装置し、而して両舷に四個の砲門を穿ち、これにクルップ砲を備えまた、別に礼砲一門を備ふ。

これは一八七四年日本自国の製造にして横須賀造船所に於いて落成し、仏国人エームチボンエル氏の工に係り、乃ち仏国軍艦の模型に出ずるものなり。その乗組員人員百五十名、艦長一名、大中尉三名少尉一名少尉補五名、軍医二名、その航海するにただ一欧人の手を借らざるは実に感賞するに餘りあり。特に艦長井上氏は善く海軍の職務に烹熟し、材幹有為の人と言うべく。

甲板上索具等の清潔なるを一瞥するも水夫等に至るまで皆敏捷、職に適ふの徴となするに足る。該艦を以て我が英国軍艦に拮抗するというも蓋し不可能ではないであろう。その諸客を招待するに当たって日本公使館官吏の長嵜氏が特に竭力し、招客が多いため他の汽車を抑止し時限を移させたのも同氏の高庇を以て、チェーリング・クロッス・テルミナス・オフィスまで遅々なく達したり。而してクリーネーの停車場には予め人を派遣し、小蒸気船の周旋を為し、これに乗組ませ「清輝」に送致せられる。

甲板上には井上艦長、上野公使は内君とともに出で、迎える。公使の内君は才色双美、よく客を歓待せり。該艦甲板の両側は諸国の章旗が翻し、盛に幾種の木葉花弁を以て垣壁となし人々の顔目を悦ばせしめ、食事は美にして旨く、酒も旨く、沢山あった。中央のマスト下には楽隊が楽を奏し（注：日本海軍の軍楽隊は乗艦していない）、以て人々の歓心を助ける。この時士官は諸客の間に周旋し以て人々を勧め水夫も衣服美簾行状端正でよく諸士官の令下に動止す。この日は、志那、トルコ、インドの公使も会同した。甲板を下り内に入り、注目するに、みな清潔美麗にして我英国軍艦となんぞたがわんか。

マリチニー小銃、ウエツリン短銃等も精巧を尽くせりと言うべし。これに依りて、以て戦争の規則条例を遵守するを見るべし。東洋にこのような一文明国を出すは驚き且感せさるを可けんや。該艦内、病者二名あり。一名は眼を患い、一名は、マストから転落して負傷す。軍医のこれを遇する甚だ厚し。外科器械より薬品等全備して棚上に陳列す。薬瓶は日本語を以てこれを標記す。中等士官といえども皆一室を有し、室また美なり。艦内機関等みな、光沢宝明、一つの瑕（キズ）もない。その機関を見るに、機関学の進歩を徴するに足る。これ一欧人の手を借らずして恙なく（つつがなく）大英帝国へ来航する所以なり。同席の松方大蔵大輔、上野公使の顔色を見るにすこぶる自得の意あるに似たり、その自得の意あるを亦宜しいなりというべし。諸容欣々歓を尽くし、七時に至る。該艦より復ひ小蒸気船をもって客を乗せテクリシロースまで送致せられたりしかこの日、客員蓋し、無慮五百余名なりと言う。

【付録３】　トルコ皇帝謁見の様子

※カタカナ表記をひらがな表記とし、句読点をつけ、読みやすくなるように微修正した他は、ほぼ参考文献「帝国練習艦隊関係雑纂　第一巻」のまま。カッコ内は著者の注釈。

午前八時、土艦マスヲヂヤ号より士官が来る。曰く、昨夜海軍卿（海軍大臣）ご来艦ありて、本日、土帝（トルコ皇帝）貴艦長及び士官に謁見せらるに付、エルデスキヲスキの宮殿に昇堂あるべし、右為ご案内　マスヲヂヤ艦長メハメットベー氏が参艦すべし云々。
午前八時四五分、土艦マスヲヂヤ号艦長メハメットベー氏来艦、同九時同氏に伴われ艦長、小笠原、角田、高田の四人は大礼服を着用し、エルデスキヲスキの宮殿に至る。宮内官員　余等（我々）を門外に迎えて溜間（控えの間）に誘導す。暫く在りてオスマンパシャが来て面会す。数十分間談話の後、侍側来て用意の整いたるを報す。是より、オスマンパシャに伴われ謁帝の間に至る。その場の景状は
皇帝は正面に佇立し、我々を迎ふ。艦長及び他士官進みて、帝座の前三四歩の所に至り、一同佇立して右手を額前に挙げ敬礼す。但し土耳（トルコ）礼式なり。次に艦長直立の侭（まま）、土帝陛下の万歳を祝す。通訳はトルコ側にメハメットベー、日本側に高田中秘書の両人。
土帝　日本天皇陛下の万歳を祝し併せて来艦の挙を賞す。
艦長　外臣等初めて貴国に来艦し今日ここに土国皇帝陛下に謁見の名誉を得、外臣井上等闔世の栄誉として之を感拝す
土帝　我海港に初めて日本帝国の兵艦を見、殊に其艦長及士官をここに見るは朕に於いても甚だ満悦せり。尚向後両国の間厚く交を結び互いに公使を派遣し且つ人民の交通親密ならんことを希望す。
艦長　勅意の如く外臣井上等も亦甚だ之を冀（こいねがう）望す。
この時一同倚子に座す。

士帝　貴国人口は幾千なるや。
艦長　三千五百万。
士帝　貴国兵艦の数幾千なるや。
艦長　大小合わせて三十艘内五艘は甲鉄なり。
士帝　貴国甲鉄及び木艦等は都（すべ）て本邦において製造せらるるや。
艦長　否、鉄は本邦において多く産出ありと雖（いえど）も、其製鉄の方法未だ充分ならず。故に甲鉄艦は現今之を外国に仰ぐと雖も、数年を出ずして本邦にて製造す。
士帝　陸軍常備兵は幾千なるや。
艦長　五万人。
士帝　海陸軍は何国の式を用ゆるや。
艦長　海は英、陸は仏式に倣（なら）ふ。
士帝　海陸の人員を教育するに何国の語を用ゆるや。
艦長　都て邦語を用ゆ、然れ共其学問の如きは皆、英仏の書籍より典訳したるものなり。
士帝　貴国の海軍は常に英米の如き国へ兵艦を派出するや。
艦長　謹（つつしみ）て然り、英国は此回を以て初めとすと雖も、米国及びオーストラリアの如きは毎年生徒数十名を載せたる演習艦を派出し、以て実地の演習を為さしむ。
士帝　其艦〈「清輝」を指す〉には外国人の水導師乗組あるや。
艦長　否、都て日本人のみにして一の外国人なし。

士帝　我海軍卿よりの報知に依て其艦内頗（すこぶ）る美麗にして整置能く届き、其順序の整斉したる等のことを聞けり。僅か数年間にして如斯可驚進歩を見る。朕貴国の為に大いに満足せり。尚向後益々海軍に盛大ならんことを希望す。

艦長　謹て勅意を謝す。

艦長　外臣井上二三種の本邦貨幣を携えり。陛下若し御許諾あらば之を天覧に供えし。

士帝　然り之を見んことを望む。

士帝　此金銀は日本の産なるや。

艦長　謹て然り、本邦の産なり。本邦は金銀及其他の金属及び炭鉱等に富めり。然れ共従来道路の狭小なる　車を通する能はず。又鉄道の便なく、其の送輸に不便なるより鉱山開発の業も進まざりしか。目今政府専らここに着眼し、或いは道を広め、或いは鉄路を敷き以て益々運輸の便を開き、随て工業日に盛大なるに至れり。又政府は其他人民教育のことに専ら力を尽くし数千の学校を設け、教ゆるに各国の学文を以てし　現今少しく其学業の進歩を見るに至る。尚、二三十年の後に至らば識達の人を得る難きに非さるへしと想像す。

士帝　朕其語を聞く貴国の為に満悦に堪えず。貴国如斯富鉱を有し、益々工業に盛大なる上人民の教育日に進み、不日貴国の益々富僥なるを見る。疑うを容さるなり。

艦長　謹て勅意を謝す。

士帝　貴国人民は何の宗旨を信仰するや。

艦長　国教神仏の二道ありて其一道を尊信す。然れ共、其二道とも欧州各国に行わるる聖教とは全く異なり、日本固有の宗旨にして重に修身を至とするものなり。
士帝　欧州人民は自己の宗旨にして他邦に広めんことを欲す。宗旨は風俗に関すること多き故に他宗を信ずるは随て風俗を変換することあり。故に貴国に於ても他宗を信じ固有の風俗を変換する如きこと無からんことを希望す。
艦長　実に勅談之如く国の風俗を変換するは外臣井上等に於ても決て好まざる所にして専ら固有の二宗を固信し、仏法の如きは既に支那地方に布教し、尚益該教の盛大ならんことを務めり。
士帝　其語甚だ好し。
士帝　今日ここに日本兵艦の艦長士官を見る満悦に堪えず。尚、向後も続いて日本艦の来て朕を見んことを望む。朕も亦貴国に軍艦を派遣し諸艦長及び士官をして日本皇帝の天機を伺はしめんことを希望す。乞ふ朕が好意を日本皇帝陛下に通ぜられんことを。
（帝、座を立つ。）
（艦長、座を立ち、今日謁見の名誉を拝謝して、三歩退き敬礼す。）
士帝　日本政府に於て禁する所無くは、本日面会記念の為、艦長及士官に粧飾（勲章のこと）を授与せんことを望む。
艦長　謹て勅意を謝す。我政府に於て敢て故障なきのみならず、外臣井上等闔世の名誉として之を拝載す。

了て玉座を退き、宮内の官員に誘われて元の溜の間に入る。謁見の中オスマンパシャは始終帝の座側に侍せり。溜間に於て暫時休息の内、オスマンパシャ再び来り種々説話に及ぶ時茶菓を賜ふ。稍在て宮内の官員粧飾を持来り。之をオスマンパシャに渡す。同氏自ら之を艦長及士官の胸部に附着す。此粧飾艦長は土国メヂチヤ三等、各士官は四等の粧飾を拝授す。

午前十一時、一統退出帰艦す。

午後四時土帝侍側勅使として来艦す。蓋し本日粧飾授与する云々を記し、土帝の国璽を捺したる勅書を持来り。艦長及び其他の三士へ授与す。其文土語にして不詳。仍てマスヲヂヤ号艦長に依て之を訳せしむ則左の如し。

朕日本皇帝陛下の軍艦清輝号艦長海軍中佐井上良馨を見、其常に行状の正しきは職務に勉励なる善良の士官たることを知る。仍てここに朕が帝國のメヂチヤ賞の三等を以て同士を粧飾せんとす。

土国皇帝ハメット

一八七八年十一月十九日

「清輝」関係年表

西暦（元号）	月日	「清輝」関連事項
一八七三（明治６年）	十一月二十日	「清輝」起工
一八七五（明治８年）	九月二十日～二十二日	江華島事件
	十月十五日	井上良馨「清輝」艦長を拝命
	十一月六日	「筑波」第一回遠洋練習航海出発
	十二月二十六日	井上良馨「高雄丸」船長を拝命
一八七六（明治９年）	一月～二月	特命全権弁理大臣として黒田清隆を朝鮮国に派遣。「高雄丸」随行
	二月	朝鮮国開国
	三月二十二日	井上良馨再び「清輝」艦長を拝命
	四月十四日	「筑波」帰国（横浜）
	六月二十二日	「清輝」竣工
	十月二十七日	坂元少尉乗艦
	十月三十一日	「雲揚」沈没
一八七七（明治10年）	二月	西南戦争勃発、「清輝」出動
	三月十九日	雪下少尉補戦死
	九月	西南戦争　終結

一八七八（明治11年）	一月十七日	横浜出航
	一月二十二日	英船メードアリアン号の負傷者を治療
	一月二十四日〜二十九日	長崎碇泊
	一月三十日	艦長用の端艇を流失
	二月三日〜十日	英領　香港碇泊
	二月十七日〜二十一日	英領　シンガポール碇泊
	三月一日〜五日	英領　セイロン島コロンボ碇泊
	三月十八日〜二十二日	英領　アデン港碇泊
	四月一日〜六日	英領　ポートサイド碇泊
	四月十一日〜五月四日	英領　マルタ碇泊
	五月四日〜七日	イタリア　シラクーザ碇泊
	五月七日〜九日	イタリア　メッシーナ碇泊
	五月十日〜十七日	イタリア　ナポリ碇泊
	五月十七日〜二十日	イタリア　ラ・スペツィア碇泊
	五月二十日〜二十三日	イタリア　ジェノバ碇泊
	不明　〜　不明	フランス　ツーロン碇泊
	五月三十日〜六月四日	フランス　マルセイユ碇泊
	六月五日〜八日	スペイン　バルセロナ
	六月九日〜十一日	スペイン　カルメゼナ
	六月十一日〜十三日	英領　ジブラルタル碇泊
	六月十五日〜十八日	ポルトガル　リスボン碇泊
	六月二十日〜二十四日	スペイン　フェロル碇泊
	六月二十六日〜七月四日	イギリス　プレモース碇泊
	七月四日〜六日	イギリス　ポートランド碇泊

	七月六日〜十六日	イギリス　ポーツマス碇泊
	七月十八日〜三十日	イギリス　グリンハイズ碇泊
	七月三十一日〜八月十二日	フランス　シェルブール碇泊
	不明　〜　不明	英領　ジブラルタル碇泊
	八月二十九日〜十月二日	フランス　ツーロン碇泊
	九月四日〜二十二日	ドイツ研修旅行
	十月三日〜六日	イタリア　ジェノワ碇泊
	十月八日〜十三日	イタリア　ナポリ碇泊
	十月十四日〜十七日	イタリア　パレルモ碇泊
	十月二十日〜三十一日	英領　マルタ碇泊
	十一月四日〜六日	トルコ　ベシカ湾碇泊
	十一月七日〜九日	トルコ　アルタキ湾碇泊
	十一月九日〜二十日	トルコ　コンスタンチノーブル碇泊
	十一月二十五日〜不明	英領　ポーサイド碇泊
	不明　〜　十二月八日	英領　アデン碇泊
	十二月二十八日〜不明	インド　ボンベイ碇泊
一八七九（明治12年）	不明　〜一月二十三日	ポイントデゴール碇泊
	一月三十一日〜二月四日	英領　ペナン碇泊
	二月六日〜二十三日	英領　シンガポール碇泊
	三月二日〜六日	マニラ碇泊
	三月十日〜十六日	英領　香港碇泊
	三月二十一日〜二十五日	厦門碇泊
	三月二十九日〜四月四日	長崎碇泊

	四月六日～十日 四月十四日～十七日 四月十八日 八月二十五日	神戸碇泊 鳥羽碇泊 横浜入港 艦長交代（井上良馨↓緒方惟勝）
一八八二（明治15年）	八月～九月	京城事変に出動
一八八八（明治21年）	十二月六日	三保岬沖に座礁

参考文献

■書籍

岩堂憲人『世界銃砲史』国書刊行会、一九九五年。

上原光晴『落下傘隊長堀内海軍大佐の生涯』光人社、二〇一一年。

大江志乃夫『日本の参謀本部』中公新書、一九八五年。

海軍教育本部『帝国海軍教育史　第一巻』原書房、一九八三年。

海軍省『西南征討志　復刻版』青潮社、一九八七年。

広瀬彦太『近世帝国海軍史要』海軍有終会、一九三八年。

海軍歴史保存会『日本海軍史　第一巻　通史　第一・二編』第一法規出版、一九九五年。

海上保安庁水路部『日本水路史』日本水路協会、一九七一年。

川北稔『イギリス史〔新版世界各国史〕一一』山川出版社、一九九八年。

北原敦『イタリア史〔新版世界各国史〕一五』山川出版社、二〇〇八年。

清沢洌『現代日本文明史（第三巻）外交史』東洋経済新報社出版部、一九四一年。

宮内庁編『明治天皇紀　第四』吉川弘文館、一九七〇年。

小池猪一『海軍医務・衛生史　第一巻』柳原書店、一九八五年。

澤鑑之丞『海軍七十年史談』交政同志社、一九四二年。

信夫清三郎『日本政治史Ⅲ』南窓社、一九八〇年。

『世界の艦船』海人社、二〇〇〇年四月。

立石博高『スペイン・ポルトガル史〔新版世界各国史〕一六』山川出版社、二〇〇〇年。

中島武『明治の海軍物語』三友社、一九三八年。

日本舶用機関史編集委員会『帝國海軍機関史（上）』復刻版、原書房、一九七五年。

藤原彰他『近代日本史の基礎知識』有斐閣、一九七二年。

秦郁彦『日本陸海軍総合事典』東京大学出版会、一九九一年。

山口喜代松『日本海軍陸戦隊史』大新社、一九四三年。

横須賀海軍工廠編『横須賀海軍船廠史』復刻版、原書房、一九七三年。

米村末喜『航海の話』科学知識普及会、一九二七年。

陸上自衛隊熊本修親会編『新編　西南戦史』原書房、一九七七年。

S・アングリム他『戦闘技術の歴史2中世編』創元社、二〇〇九年。

■文献

（公文備考など明治期の公文書、アジア歴史資料センターからダウンロード）

「公文類纂　明治四年　巻三七　本省公文　学術部」（防衛省防衛研究所）。

「公文類纂　明治六年　巻二十二　本省公文　学術部」（防衛省防衛研究所）。

「公文別録　朝鮮江華島砲撃始末　明治八年　第一巻」（国立公文書館）。

「公文備考　明治九年　履出巻三十自一至四十四」（防衛省防衛研究所）。

「公文録　明治九年・第四十二巻・明治九年十月～十一月・海軍省伺」（国立公文書館）。

「公文類纂　明治九年　巻十　本省公文　理財部」（防衛省防衛研究所）。

「公文原書　巻百一　本省公文　明治十年十二月十日～明治十年十二月十三日」（防衛省防衛研究所）。

「公文原書　巻百三　本省公文　明治十年十二月十八日～明治十年十二月二十日」（防衛省防衛研究所）。

「公文類纂　明治十年　後編　巻十四　本省公文　艦船部」（防衛省防衛研究所）。

「公文類纂　明治十年　後編　巻二十七　本省公文　学術部一」（防衛省防衛研究所）。

「公文原書　巻一　本省公文　明治十一年一月一日～明治十一年一月十一日」（防衛省防衛研究所）。

「公文原書　巻二　本省公文　明治十一年一月十二日～明治十一年一月十五日」（防衛省防衛研究所）。

「公文原書　巻三　本省公文　明治十一年一月十六日～明治十一年一月十八日」（防衛省防衛研究所）。

「公文類纂　明治十一年　後編　巻十四　本省公文　理財部三」（防衛省防衛研究所）。

「公文類纂　明治十一年　後編　巻十五　本省公文　理財部四」（防衛省防衛研究所）。

「公文類纂　明治十一年　前編　巻十七　本省公文　艦船部二」（防衛省防衛研究所）。

「公文類纂　明治十一年　後編　巻十九　本省公文　艦船部二」（防衛省防衛研究所）。

「公文類纂　明治十一年　前編　巻三十四　本省公文　図書部一」（防衛省防衛研究所）。

「公文類纂　明治十二年　前編　巻二　本省公文　禮典部」（防衛省防衛研究所）。

「公文類纂　明治十二年　前編　巻二十三　本省公文　外事部」（防衛省防衛研究所）。

「公文類纂　明治十二年　後編　巻五　本省公文　黜陟部三」（防衛省防衛研究所）。

「公文類纂　明治十二年　前編　巻十三　本省公文　艦船部」（防衛省防衛研究所）。

「明治十六年　普号通覧　巻五　普三百一号至三百八十号　二月分　本省公文」（防衛省防衛研究所）。

「公文原書　巻三十七　本省公文　明治十三年五月二十六日～明治十三年五月三十日」（防衛省防衛研究所）。

「明治三十一年　公文備考　刑罰訴訟三止恩給一巻十三」（防衛省防衛研究所）。

「記録材料・清輝艦報告全」JACAR:A07062108200（国立公文書館）。

「帝国練習艦隊関係雑纂　第一巻」JACAR:B07090180500（外務省外交史料館）。

仏国博覧会事務局「仏蘭西巴里府万国大博覧会報告書一」（一八八〇年二月）（国立国会図書館デジタルコレクション）http://dl.ndl.go.jp/info:ndljp/pid/801830/7.

（大正・昭和期以降の文献）


大井昌靖「軍艦『清輝』の欧州航海：明治十一年、軍艦初の欧州航海を支えたもの」『軍事史学』第五三巻第一号、軍事史学会、二〇一七年六月。

大井昌靖「帝国海軍創生期の海兵隊」『軍事史学』第五四巻第一号、軍事史学会、二〇一八年六月。

谷口尚眞「故海軍大将川村純義伯追憶」『有終』第二二巻第一一号、一九三四年一一月。

谷口尚眞「明治十一年練習艦筑波の濠洲航海と故海軍少将中山長明氏」『有終』第二二巻第三号、一九三五年三月。

谷口尚眞「明治八年、軍艦筑波の桑港、布哇練習航海に就て」『有終』第二三巻第三号、一九三六年三月。

谷口尚眞「明治十一年軍艦清輝の欧州航海に就て」『有終』第二三巻第五号、一九三六年五月。

海軍教育局「信号特技兵　勤務参考書」海軍教育局、一九四四年八月三一日（防衛省防衛研究所）。

佐光昭二「留学生前田十郎左衛門の死」『英学史研究』第三四号、二〇〇二年。

鈴木淳「『雲揚』艦長井上良馨の明治八年九月二九日付け江華島事件報告」『史學雑誌』第一一一巻第一二号、史学会、二〇〇二年一二月。

長尾克子「明治初期の造船造機技術教育」『日本造船学会誌』第八五〇号、二〇〇〇年四月。

「明治初年ニ於ケル我海軍欧米留学者」（大正十三年十二月谷口校長講演、於　海軍大学校大講堂）（防衛省防衛研究所）。

樋口いずみ「日本の万国博覧会参加における『実演』とその役割に関する一考察」『早稲田大学大学院教育研究科紀要』別冊　十六号―一、二〇〇八年九月。

宮永孝「イギリスにおける東郷平八郎」『社会志林』第四六巻第三・四号、二〇〇〇年三月。

■インターネット

「法令全書　慶応元年」附録第四　各国条約書（国立国会図書館デジタルコレクション）http://dl.ndl.go.jp/info:ndljp/pid/787948/6（二〇一六年七月一三日アクセス）。

「山梨県の偉人たち」http://blogs.yahoo.co.jp/kousyukaidourekisitabi/42481971.html（二〇一六年七月一三日アクセス）。

横須賀市ＨＰ　https://www.city.yokosuka.kanagawa.jp/0130/seitetsuzyo/main.html（二〇一六年七月一三日アクセス）。

あとがき

本書の元になったのは、『軍事史学』に掲載された拙稿「軍艦『清輝』の欧州航海：明治十一年、軍艦初の欧州航海を支えたもの」という学術論文である。論文では、文字数の制限もあり、調査した文献の一部しか紹介できなかった。とくに海外派遣中のエピソードについては、わずかな内容の紹介にとどまってしまい、これらを世に知らせることが自らの使命と思い書籍として刊行することにした。

本書は「清輝」という初の国産軍艦に焦点を当てたものではあるが、私が強調したかったのは、その軍艦に乗って、船を運航させた軍人の足跡である。

当時の世界情勢は、ロシアとトルコの戦争直後であり、「清輝」からの報告には各国の軍艦等を訪問した際、耳にした各国の情勢も多く含まれている。

そのような世界情勢のなかで「清輝」を捉えるという選択肢もあったが、敢えてそれは避け、九名の応援士官を話の主流に置くことにした。名もなき英雄とまでは言わないが、これまで脚光が当たることのなかった海軍の若手の士官らの功績に焦点を当てることは、軍事史をこれまでとは異なる視点、すなわち身近にある等身大の海軍士官を見ることができるのではないかと思う。

執筆に当っては、様々なアドバイスを受けた。芙蓉書房出版の平澤公裕社長、元防衛大学校教授の源田孝氏、三浦半島の歴史を考える会の江口文夫氏に感謝を申し上げげたい。

大井昌靖

著者

大井 昌靖　（おおい よしやす）

1962年生まれ。千葉県立木更津高等学校、防衛大学校卒業、海上自衛隊に入隊後、護衛艦「みょうこう」、技術研究本部（現防衛装備庁）、防衛省防衛政策課などで勤務、2010年から2017年まで防衛大学校防衛学教育学群准教授。この間、2011年放送大学大学院修了、2014年拓殖大学大学院国際協力学研究科博士後期課程（安全保障専攻）満期退学。修士（学術）、博士（安全保障学）、2017年海上自衛官を２等海佐で定年退職。一方で地域活動に励み、これまでに横須賀市消防団、子供会会長、中学校のPTA会長を務める。現在は、町内会役員を務めるとともに地域の子どもに祭り囃子を教えている。

著書に『民防空政策における国民保護』（錦正社、2016年）、主な論文に「帝国海軍創設期の海兵隊」（『軍事史学』第54巻1号、2018年）、「軍艦『清輝』の欧州航海：明治十一年、軍艦初の欧州航海を支えたもの」（『軍事史学』第53巻1号、2017年）、「明治期の日本海軍の海難救助」（『軍事史学』第52巻1号、2016年）、「イスラエルのミサイル防衛」（『海外事情』第63巻4号、2015年）、「明治期の海軍における軍法会議の適用に関する一考察」（『軍事史学』第50巻1号、2014年）など。

初の国産軍艦「清輝《せいき》」のヨーロッパ航海

2019年 1月25日　第１刷発行

編著者

大井《おおい》 昌靖《よしやす》

発行所

㈱芙蓉書房出版

（代表 平澤公裕）

〒113-0033東京都文京区本郷3-3-13

TEL 03-3813-4466　FAX 03-3813-4615

http://www.fuyoshobo.co.jp

印刷・製本／モリモト印刷

ISBN978-4-8295-0753-7

【芙蓉書房出版の本】

「技術」が変える戦争と平和

道下徳成編著　本体 2,500円

宇宙空間、サイバー空間での戦いが熾烈を極め、ドローン、人工知能、ロボット、３Ｄプリンターなど軍事転用可能な革新的な民生技術に注目が集まっている。国際政治、軍事・安全保障分野の気鋭の研究者18人がテクノロジーの視点でこれからの時代を展望する。

尖閣諸島問題と隠された真実

米国の本音は「中立」

三浦和彦著　本体 2,300円

「尖閣有事」での日米安保適用はあてにできない！

日中関係より“日米関係”に重点を置いて尖閣諸島問題の本質を考える。沖縄返還交渉の際のニクソン、キッシンジャーの動きを克明に追い、日本人が知らない米国の対東アジア外交政策を解明する。

スマラン慰安所事件の真実

ＢＣ級戦犯岡田慶治の獄中手記

田中秀雄編　本体 2,300円

日本軍占領中の蘭領東印度（現インドネシア）でオランダ人女性35人をジャワ島スマランの慰安所に強制連行し強制売春、強姦したとされる事件で、唯一死刑となった岡田慶治少佐が書き遺した獄中手記。岡田の遺書、詳細な解説も収録。

ルトワックの“クーデター入門”

エドワード・ルトワック著　奥山真司監訳　本体 2,500円

世界最強の戦略家が事実上タブー視されていたクーデターの研究に真正面から取り組み、クーデターのテクニックを紹介するという驚きの内容。